轨道交通建造关键技术研究丛书

复杂环境深厚基岩地连墙施工成套技术

宋卫强　李　围　刘文丽　段景川　著

中国铁道出版社有限公司

2019年·北　京

内容简介

依托深圳地铁7号线福民站、皇岗村站、华新站南端及黄木岗站等地连墙入深厚中微风化岩层且存在大倾角陡坡岩、超宽管线群和锚杆锚索导致地连墙施工技术难题，开展了“复杂环境深厚基岩地连墙施工成套技术”的研究，主要研究内容包括：潜孔锤预钻或预爆破后冲击钻钻进的深厚基岩快速成槽技术，基于摩擦面式钻头和预制钢套筒导向的大倾角陡坡岩地连墙成槽技术，超宽管线群“一槽三笼”地连墙施工技术，泥浆下锚杆锚索快速切割技术，深厚基岩地连墙“轨道定位、槽内泥浆循环、气举清孔、试笼检测、接头施工”施工新技术，泥浆絮凝剂＋机械脱水的废弃泥浆泥水分离技术。

本书可作为城市轨道交通土建工程施工、设计、监理和建设管理技术人员以及高校和高职师生的参考用书、继续教育用教材或选修课教材。

图书在版编目(CIP)数据

复杂环境深厚基岩地连墙施工成套技术/宋卫强等著.—北京：中国铁道出版社有限公司，2019.9
(轨道交通建造关键技术研究丛书)
ISBN 978-7-113-26077-4

Ⅰ.①复… Ⅱ.①宋… Ⅲ.①地铁隧道-隧道施工-地下连续墙-工程技术 Ⅳ.①U455.45

中国版本图书馆CIP数据核字(2019)第164131号

书　　名： 轨道交通建造关键技术研究丛书
复杂环境深厚基岩地连墙施工成套技术
作　　者： 宋卫强　李　围　刘文丽　段景川

策　　划： 陈小刚
责任编辑： 张　瑜　　**编辑部电话：** 010-51873017
封面设计： 郑春鹏
责任校对： 苗　丹
责任印制： 高春晓

出版发行： 中国铁道出版社有限公司（100054，北京市西城区右安门西街8号）
网　　址： http://www.tdpress.com
印　　刷： 中国铁道出版社印刷厂
版　　次： 2019年9月第1版　2019年9月第1次印刷
开　　本： 880 mm×1 230 mm　1/32　印张：6　字数：153千
书　　号： ISBN 978-7-113-26077-4
定　　价： 32.00元

丛书编委会名单

（按姓名拼音字母排序）

作者简介

宋卫强，男，1983年7月出生，河南省林州人，2004年毕业于黄河水利职业技术学院公路与桥梁专业，高级工程师，现任中国电建市政建设集团轨道工程公司总经理。先后参与了安徽沿江高速公路工程、陕西商界高速公路工程、山东德商高速公路工程、山东青岛滨海海底隧道连接线工程、山东青岛双积公路和海湾大桥红岛连接线工程、天津外环线东北调线工程、武汉地铁11号线工程、深圳地铁12号线工程，发表论文数篇，获授权实用新型专利10项，省部级工法8项。先后担任工程部部长、项目副总工、项目总工程师、项目经理、分公司副总经理、分公司总经理，先后荣获全国优秀项目经理、公司优秀项目经理、公司劳动模范、公司先进工作者、2017年武汉市“优秀建设者”、2017年度中国电建优秀项目经理、2017年度全国电力建设优秀项目经理、2017年度全国工程建设优秀项目经理、2018年度中电建南方公司优秀管理者。

李围，男，1979年7月出生，贵州德江人，2006年毕业于西南交通大学桥梁与隧道工程专业获工学博士学位(师从我国著名的隧道工程专家何川教授)，教授。先后工作于贵州大学和中国电建铁路公司、上海应用技术大学等，任副教授、教授、副总工，荣获贵州省优秀青年科技人才，瑞士联邦理工大学访问学者，师从国际著名的岩石力学和隧道工程专家J. ZHAO教授。国家自然科学基金同行评议专家、《工程力学》和《岩土工程学报》EI收录期刊审稿人。先后主持省部级课题4项，主持地铁和公路隧道施工技术研究横向项目10余项，发表论文60余篇、第一作者EI收录9篇、第一作者核心期刊20余篇，获授权发明专利1项、申请发明专利10余项，获中国施工企业管理协会科学技术奖特等奖1项、贵州省科技进步三等奖1项、全国商业科技进步奖三等奖1项。出版专著《城市轨道交通快速铺轨关键设备研制与应用》、《地铁叠线盾构区间隧道下穿高铁轨道群施工关键技术》、《地铁场段出入线超大断面隧道群施工关键技术》、《隧道及地下工程ANSYS实例分析》、《隧道及地下工程FLAC解析方法》，主编《ANSYS土木工程应用实例》和《土木工程概论》，副主编《复杂环境条件下地铁土建施工技术创新与实践》和《地铁工程施工技术》，参编《地下工程》。

刘文丽，男，1983年11月出生，陕西省榆林人，2005年毕业于黄河水利职业技术学院公路与桥梁专业，高级工程师，现任中国电建市政建设集团轨道工程公司副总工程师、深圳地铁12号线土建七工区项目总工程师。先后参与了内蒙古海满一级公路工程、内蒙古拉黑公路工程、内蒙博牙高速公路工程、青岛女岛疏港公路工程、深圳地铁7号线工程、武汉地铁11号线工程、深圳地铁12号线工程，发表论文数篇，获授权发明专利1项、实用新型专利16项、公司级经济技术创新成果12项、省部级工法8项、中国施工企业管理协会科学技术创新成果2项、QC成果3项。先后担任工程部部长、项目副总工程师、项目总工程师、项目经理、分公司副总工程师，先后荣获公司先进生产工作者、公司青年岗位能手、公司优秀工程技术人员、公司优秀总工程师、中电建南方公司先进个人、中电建武汉公司先进个人、公司优秀科技工作者、公司优秀项目经理、天津市职工技术创新先进个人。发表论文数篇，参与的科学技术研究项目《岩溶承压强富水地铁基坑施工关键技术研究》和《地下连续墙预制钢套筒导向嵌岩施工工艺》获得中电建科学技术进步奖。

段景川，男，1987 年 7 月出生，湖南常德人，汉族，中共党员，西南交通大学桥梁与隧道工程专业硕士，工程师，现任中电建南方建设投资有限公司工程管理部部员。自 2013 年 7 月参加工作以来，先后参与了深圳地铁 7 号线、深圳地铁 4 号线三期、深圳地铁 5 号线南延线、深圳地铁 9 号线支线、深圳地铁 10 号线等工程的建设工作，对岩土工程及铺轨施工有深入的研究与见解，参与获得省政府、行业协会、电建集团等各级科学技术奖 7 项，获得专利 9 项，由科学出版社等出版专著《地铁隧道下穿公路诱发地层变形理论与控制》等 3 部，在公路交通科技、隧道建设等学术期刊上发表《盾构隧道施工近接下穿水工结构施工力学特性分析》等论文 11 篇，获得中国电建铁路建设有限公司 2016 年度优秀科技先进个人称号。

前　言

我国珠三角等地区城市地质以不同风化程度的花岗岩为主，地铁施工中车站围护结构地下连续墙（地连墙）普遍入中微风化花岗岩，且地下条件复杂。如深圳地铁 7 号线福民站、皇岗村站、华新站南端（华强北 4～6 区）及黄木岗站入中微风化岩最厚达 13.9 m，岩石强度最高为 132 MPa，且存在大倾角（45°）陡坡岩、不能改迁的超宽（宽度为 1.2 m）管线群以及邻近既有建筑基坑多束锚索侵入槽内，导致复杂环境条件下深厚基岩成槽十分困难，严重制约地铁车站的施工进度。同时，地连墙施工中产生大量的废弃泥浆，运输处理费用高，且影响文明施工，甚至引起施工安全事故。因此，开展“复杂环境深厚基岩地连墙施工成套技术”的研究具有重要意义。

本课题采取的研究方法为现场试验或室内试验。通过现场工艺试验，确定最佳硬岩成槽机具配置和工艺方法；通过现场水下试验，研发锚杆锚索切割机具；通过现场工艺试验，确定管线下地连墙成槽、钢筋笼下设及混凝土浇筑工艺；通过现场试验，设计钻机定位轨道和槽内循环装置、气举清孔工艺；通过现场对比试验，确定最佳接头施工工艺；通过室内试验，对废弃泥浆成分进行测试分析，研发设计一种以天然矿物为主要成分的泥浆絮凝剂，并在实验室进行泥浆絮凝试验，确定絮凝最佳工艺条件。

“复杂环境深厚基岩地连墙施工成套技术”的主要研究

内容如下：

(1)深厚基岩快速成槽技术。通过对深厚基岩进行的潜孔锤预钻孔、冲击钻与手把钻、钢丝绳成槽机和液压成槽机以及预爆破不同成槽机具及其工艺对比研究，并针对陡坡岩成槽中出现的卡钻问题研制了新型摩擦面式钻头，解决了深厚基岩快速成槽技术难题。

(2)超宽管线群下地连墙施工技术。针对不能迁改的横跨地连墙的超宽管线群，提出了管线保护技术以及管线下成槽、钢筋笼吊装和混凝土浇筑工艺技术等，形成了超宽管线群下地连墙施工技术。

(3)泥浆下锚杆锚索快速切割技术。针对侵入地连墙的锚杆锚索，研制泥浆下专用切割机具，包括地面控制系统和泥浆下锚杆锚索定位切割系统，解决了锚杆锚索侵入地连墙在泥浆中进行快速切割的技术难题。

(4)深厚基岩地连墙施工新技术。研究形成了成槽轨道定位技术、槽内泥浆循环技术、气举清孔技术、试笼检测技术和接头施工技术。

(5)废弃泥浆泥水分离技术。研制了由无机组分和有机组分共同复配而成的泥浆絮凝剂，并基于该絮凝剂＋机械脱水研究了废弃泥浆泥水分离技术，解决了繁华城区轨道交通车站地连墙施工中产生的大量废弃泥浆处理费用高的难题。

本课题研究共获批省部级工法 4 项，申请专利 11 项、授权发明专利 2 项、授权实用新型专利 6 项，获省部级科学技术奖 2 项。课题成果成功应用于深圳地铁 7 号线福民站、皇岗村站、华新站南端和黄木岗站等地连墙施工，突破了深厚基岩等复杂条件与地质条件制约工程进度的瓶颈，提高了施工工效，并推广应用到深圳地铁4号线延长线、10号线和12号线等类似工程，取得了较好的社会、经济效益。

本书第1章、第3章和第7章由宋卫强撰写，第4章、第5章和第9章由李围撰写，第2章和第6章由刘文丽撰写，第8章由段景川撰写，全书由李围统稿并担任通讯作者。

本书在撰写过程中参阅了许多学者发表的论著，在此表示真诚的感谢！

由于时间仓促和水平有限，书中难免出现错误或表述不妥之处，诚恳期望同行专家及读者批评指正，作者在此表示衷心的感谢！

作　者

2019年3月于深圳

出版说明

截至 2017 年，我国城市轨道交通开通运营线路总长度达 3 862 km(118 条)，开通城市 29 个，其中步入网络化运营的城市共有 13 个，客运量达 176.8 亿乘次，全国共有 9 个城市网络日均进站量超过 100 万人次，共有运营员工 20.8 万人，平均每公里线路 54 人。

我国城市轨道交通占公共交通比例还很小(见表 1)，与国际化大都市差距大，轨道交通发展潜力还很大。例如，尽管上海运营里程突破了 680 km，为世界上轨道交通运营里程最多的城市，但其轨道交通占公共交通比例仅刚过 50%，其中多条线路已经超负荷运营，上下班时间拥挤不堪。而深圳已经完成了三期建设运营，轨道交通仅占公共交通的三分之一还不到。

表 1　世界各国大都市轨道交通占公共交通的比例

东京	伦敦	巴黎	莫斯科	上海	北京	深圳
86%	70%	70%	55%	54.6%	45%	32%

当前，我国轨道交通还处于高速发展期，特别是由于我国幅员辽阔，各区域地质差异较大，导致地铁的施工难易也不相同，因此，需要解决不同城市地质环境条件下地铁施工技术问题。

我国城市地质条件主要有：以上海、杭州等为代表的深厚软土层，以西安为代表的黄土地层，以成都为代表的砂卵石和漂石地层，以深圳、广州为代表的不同风化花岗岩组成的混合地层，以重庆、青岛为代表的岩石地层，以贵阳为代表的岩溶地层。其中，深圳混合地层主要为第四系全新统人工堆积层、海积层、海冲积层、冲洪积层、洪积层、上统更新坡积层、残积层震旦系混合岩和花岗片麻岩、震旦系混合岩和花岗片麻、燕山期花岗岩和加里东期混合花岗岩，地下水位位于地面以下0.7～12.1 m。混合地层地铁施工难度最大，其主要地质问题如下：

1. 车站

范围内岩面高，基岩侵入车站范围内最大厚度达14 m，地下连续墙入岩最大深度为17.5 m，强度最高达132 MPa，大倾角陡坡硬岩(45°)分布广泛。基坑控制爆破困难，成槽困难。

2. 盾构区间隧道

穿越地段基岩面起伏大、变化剧烈，硬岩、上软下硬、富水砂层、孤石、掘进中存在盾构机姿态难以控制、坍塌、涌水，地面沉降难以控制从而造成地面建筑物开裂损坏、盾构机易被卡住等。

3. 矿山法区间隧道

位于全强风化花岗岩中，顶部主要为砂质黏性土、素填土、中砂、粗砂等富水软土层，施工失水极易引起隧道变形、地面塌方等风险。再加上在深圳主城区修建地铁地上地下环境条件复杂，例如三期重大工程7号线穿越深圳主城区，全线正下穿既有建筑物20余栋，5次下穿河流和湖泊，1次上穿高速铁路，2次下穿既有铁路，4次下穿已运营地铁线，8次下穿(或侧穿)既有桥梁，在华强北商圈核心地段与7号线同步实施华强北地下空间工程。

本套丛书结合我国目前正在大力修建的城市地铁重大工程，及时总结施工中研究形成的新技术并出版，为同城后期地铁工程的建设提供技术支撑和其他城市类似工程提供技术参考有其重要意义。

因此，中国铁道出版社与地铁建设相关单位合作，出版《轨道交通建造关键技术研究丛书》，期待为我国地铁工程新技术的进步贡献一份力量。

丛书策划：李围、傅希刚

2018 年 1 月 1 日

目　录

第1章 绪 论

1.1 立项的背景和目的

深圳地铁7号线BT项目是中国电建集团公司进入地铁行业施工领域的第一个大型项目，如何保质保量按期完成施工任务是履约的首要目标，其意义十分重大。地铁盾构区间能否按期完成取决于车站的施工进度，而车站能否顺利实施的关键又在于围护结构的施工进度。由于深圳地铁为复合地质条件，环境与地质条件十分复杂，采用传统的冲击钻施工地连墙的速度非常慢，故车站围护结构的施工进度成为了制约深圳地铁施工进度的关键环节，必须专题研究解决复杂环境条件下深厚基岩地连墙施工技术难题。

7号线车站多为三层站，根据初步设计及地质勘察资料，围护结构施工环境极为复杂，其主要特点如下：

一是地下连续墙入岩普遍较深，其中穿透强风化岩最深13.2 m，穿透中风化岩最深8.4 m，入微风化岩最深10.2 m。微风化花岗岩强度较高，最高达132 MPa。如此深厚的坚硬基岩成槽施工，难度极高。

二是周边环境极为复杂，均位于繁华商业区、居民区或城市CBD中心区，周边商铺、酒店、商场等建筑物较为密集，华强北位于全国文明的电子商业街，每天客流量达50万人，仅茂业百货每天的车流量就达到4 000辆，福民站两侧的福明佳园和知本大厦则分别高达32层、27层，皇岗村站和黄木岗站附近也分别存在22层高黄轩酒店和体育大厦。周边建筑物保护难度大，安全文明施工要求高。

三是车站施工范围内地下管线复杂，包括通信、电力、燃气、供水、污水、雨水等，仅华强北片区通信管线就有16万束，涉及产权单位较多。这些管线有的与地连墙轴线平行，需要将其拨移后施工，有的横跨地连墙，管线下地连墙成槽、钢筋笼下设及混凝土浇筑施工难度大，管线保护难度大。

四是部分高层建筑原围护结构存在侵入车站地连墙的锚杆锚索。泥浆下锚索锚杆的破除，技术难度大，且存在未知风险。

五是产生的泥浆量大，运输难、造价贵。地铁(车站)施工过程中每幅连续墙大约产生 80 m^3 废弃泥浆，每个地铁站建设过程中要构筑 83 幅连续墙，废弃泥浆的产量大约在 6 000～7 000 m^3，而且在施工过程中废弃泥浆产量不稳定，这给泥浆的处理和收集甚至运输带来很大不便。

六是废弃泥浆成分复杂，含水率高，难以自然沉降。泥浆在配制过程中加入多种成分来稳定泥浆性质，施工过程中地层的岩石碎屑也被带入泥浆，泥浆的性质也在不断改变，再加上泥浆颗粒表面都带有电荷，形成的泥浆胶体性质非常稳定，在自然状态下无法沉淀分离。因此，如何将废弃泥浆固液分离，破坏泥浆的稳定性，使得废弃泥浆能够迅速脱水，是废弃泥浆处理方面一个重要的技术难题。

七是施工现场场地狭小，泥浆处理设施难以布设。地铁站点施工往往在市区，不是商业繁华地段就是交通要道，可谓是寸土寸金的地段，一般呈狭长状布设，因此施工场地占地非常紧张，在这非常有限的场地内有大量的施工机械和人员，所以泥浆收集设施及处理设施不可能大量占地，这就需要在有限的场地内快速处理废弃泥浆。

八是工程施工市政卫生及环保要求高。深圳地处特区，各项环保要求多，标准高；市政卫生部门也非常重视城市环境卫生状况，对市区各类建设企业和单位的安全、质量要求极为严格，工程施工过程中存在众多亟待解决的关键技术问题。

因此，在复杂环境深厚基岩条件下，对成槽机具配置、成槽工艺进行系统研究，实现深厚基岩快速成槽，并采取措施降低施工过程中扬尘、噪声排放、泥浆排放，减少对周边居民的干扰，减少对周边建筑的扰动，避免周边建筑物发生开裂变形，降低对周边商业正常营业的影响，对于顺利实施本项目尤其重要。

当前我国正致力于大力加强基础设施建设，国务院批准地铁建设有3项指标——城市人口超300万、GDP超1 000亿元、地方财政一般预算收入超100亿元，目前全国有近50个城市达标。根据国务院已经批准的中国主要城市地铁建设规划，至2016年我国新建轨道交通线路89条，总建设里程2 500公里，投资规模达9 937.3亿元。其中在深圳远期规划中共有16条线路，计划修建600多公里。因此，我国未来城市轨道交通建设潜力巨大。

在地铁车站地连墙施工中，珠三角等地区都会遇到复杂环境深厚基岩条件，因此本课题研究的复杂环境条件下深厚基岩地连墙施工成套技术可为其提供技术指导，有着较好的实际意义，其应用前景十分广阔。

1.2 研究现状

1. 关于深厚基岩沉槽技术

田守伟[1]以广州地铁21号线员村站为工程背景，因传统的“抓—冲结合”成槽工艺很难满足硬岩地质的施工进度要求，提出了“土层抓斗成槽、旋挖钻机硬岩取芯、冲击方锤修孔、反循环二次清孔”综合施工技术，解决了硬岩成槽难题，加快了施工进度，节约了施工成本。

党亚杰等[2]基于南昌轨道交通1号线秋水广场站，提出了中风化岩层中地下连续墙入岩成槽工艺，并应用于2号线地铁大厦站地下连续墙施工实践，对该施工工艺进行了改进。在不增加机械设备的情况下，工艺改进极大地改善了入岩段连续墙偏孔的问题，且缩短了成槽时间。

南京地铁3号线某中间风井超深基坑地下连续墙深44.2 m，嵌入中风化硬岩达10～13 m，翁厚洋等[3]介绍了超深基坑大深度入岩地下连续墙的关键施工技术：冲抓结合法有效解决了大深度入岩地下连续墙成槽问题；钢筋笼采用一次制作成型、分段吊装、空中连接，降低了吊装难度和风险；水泥土搅拌桩加固较厚软弱土层，防止槽壁长时间暴露而坍孔；刚性止水接头加焊止浆板，防止混凝土绕流等。该技术应用效果良好，墙体质量、垂直度和止水效果均满足要求。

深圳地铁3号线田贝站入岩地下连续墙采用抓斗成槽机配合冲桩机施工遇到的主要问题及其解决措施[4]为：施工中地下连续墙导墙进入岩层时变形过大，将原设计L形导墙改为C形导墙，保证了导墙正常施工；斜岩面导致地下连续墙成孔垂直度出现较大偏差，将槽厚增加至1.2 m，改用直径1.2 m重锤成孔顺利解决该问题；成槽过程中通过调整操作工艺和施工机具解决卡锤问题；采用泥浆净化机配合潜水泥砂泵清槽，提高了工效且保护了环境。

南京地铁2号线明故宫站的地下连续墙标准段和端头井段开挖深度分别为25 m和29 m，进入中风化泥质粉砂岩分别为9 m和5 m。一般液压抓斗式成槽机无法进行岩层开挖施工，而铣槽机则施工成本太高。为此，提出了液压抓斗式成槽机＋冲击钻机组合的“冲抓结合”施工工艺，加强了施工组织协调，提高了施工效率，按期完成了施工任务[5]。

深圳地铁一期工程老街站地下连续墙有1/3需在坚硬的花岗岩中成槽，选择了德国宝峨公司的BC25双轮铣槽机的成槽设备，连续墙段采用工字钢刚性接头及与之配套的施工工艺，保质保量地完成了地下连续墙的施工任务[6]。

深圳地铁一期工程国贸站及国老区间南段明挖段地下连续墙入岩较深且岩层坚硬，采用冲破岩方法完成了连续墙施工，积累了岩层中地下连续墙成槽经验[7]。

通过深圳地铁福民站地下连续墙施工实例，刘树山[8]介绍了在中、微风化花岗岩层中采用液压抓斗结合不同类型的冲击钻机和利用优质泥浆护壁的成槽技术。

针对东莞地铁R2线陈屋站地下连续墙周边环境复杂且底部基

岩较硬难以钻进的特点，对地质进行取样分析，通过预先爆破的方法，在工程节点内顺利完成了施工，并为今后复杂条件下的地下连续墙基岩处理施工提供了宝贵经验[9]。

广州地铁3号线同和站基坑围护结构地下连续墙施工中遇到微风化岩层，采用吊脚连续墙以及施工预处理超前梅花钻工艺，达到了预定的工期目标，取得了良好的效益[10]。

结合某地铁深基坑部分地下连续墙入岩及岩面低于基坑开挖底面的工程特点，提出了液压抓斗成槽机成槽，岩面下部使用冲击钻均匀冲击成孔，再通过槽内多次清底、特制圆形与方形钢筋笼对接和特殊混凝土浇筑等技术，形成上墙下桩结构。该项新的施工方法安全有效，并取得了可观的经济和社会效益[11]。

2. 关于管线下地连墙施工技术

文献[12]就地下管线密集处的地连墙施工提出了2槽3笼的工艺，解决了城市重点管线无法迁改的问题，减少了工期，节约了施工成本，为地下管线密集处的地连墙施工提供了技术参考。

文献[13]以无锡地铁3号线旺庄站地下连续墙施工为例，提出了跨越市政管线的地下连续墙施工方法，包括地下连续墙分幅调整，钢筋笼调整为3 m+2.9 m两节钢筋笼，端头采用雌雄槽接头形式；并详细论述了工艺过程，制定了切实可行的施工技术措施和质量保证措施，确保了施工的安全快速进行。

文献[14]结合天津地铁220 kV电缆下方地下连续墙施工，提出了气举反循环和液压槽壁机倾斜成槽、配合自制切土箱进行既有管线下方地下连续墙成槽的施工技术，并对两种工法进行了对比分析。

地连墙施工受到各类既有地下管线的限制时，文献[15]提出了成槽机液压抓斗改进方法，利用抓斗侧齿和斗齿来削切侧向土体，该技术既减少了既有管线对地连墙施工的影响，又保证了既有管线的正常使用，可有效节约施工成本。

文献[16]介绍了津滨轻轨明挖区间横跨城市管线的地下连续墙

施工技术，包括：管线加固与导墙施工、地下连续墙的分幅、泥浆制备、成槽工艺、钢筋笼加工安装、混凝土灌注等，此技术实现了不切改管线进行明挖地铁施工，为同类工程施工提供了一种全新的思路。

根据地铁车站管线种类和埋深的不同，文献[17]详细介绍了既有管线横穿地下连续墙时采用“逆作、一槽两笼或正常施工”的不同方法。

文献[18]结合深圳地铁9号线文锦站，建立了既有管线处地下连续墙在富水砂卵石地层中逆作施工技术，对容易出现问题的关键点进行了分析和总结，提出科学合理的解决办法，为类似工程施工提供了经验。

3. 关于锚杆锚索下地连墙施工技术

相邻建筑物早期遗留下的锚索对地下连续墙施工造成极大阻碍，成为一大工程难题。文献[19]以地铁广佛线某车站为背景，提出了在一种地下连续墙施工中利用冲锤处理既有锚索的方法，对类似项目有一定的指导意义。

为解决既有基坑锚索侵入地铁车站基坑导致地下连续墙无法施工的难题，对既有基坑采取在车站基坑侧放坡并坑底回填土方后依次拔除锚索的方案，同时通过调整车站基坑内支撑的型式，保证车站基坑开挖期间既有基坑与车站基坑的安全[20]。

文献[21]提出了采用金刚石绳索切割技术拆除地铁车站地连墙槽内原有地下5 m和15 m深处锚索，现场试验表明，该技术具有高效、安全、环保、快速等优点，并且能够确保对地下连续墙槽壁不产生任何损伤，具有良好的社会与经济效益。

4. 废弃泥浆常用处理方法

随着人们环保意识的增强，近年来国内外对废弃泥浆处理技术的研究日益增多，废弃泥浆的无害化处理已经提到日程。国内外目前对废弃泥浆处理的常用方法见表1.2。

(1)传统沉淀法

传统沉淀法是利用低洼地或简易沉淀池存放废弃泥浆，静置一

表 1.2　废弃泥浆常用处理方法

技术方法	优　点	缺　点	适用范围	应用案例
传统沉淀法	不需加入药剂，处理后的上清液无污染	时间长，场地大，对施工环境影响较大，方法较为原始	适用于处理污染比较小的泥浆	南京长江隧道、武汉长江隧道、京沪高速铁路等
化学固化处理法	处理量大，处理效果好	成本高，后期处置比较麻烦	适用于处理污染物水平较高的泥浆	油田钻井废弃泥浆等
土地耕作处理法	经济效益高	泥浆填埋地难找而且较远，运费高，容易造成土壤的二次污染	适用于处理污染物水平较低的泥浆	上海地铁明珠线二期西藏南路站、天津地铁 2 号线红星路站等
化学絮凝固液分离法	处理后便于清运，工艺相对简单，不需要对分离后的固相及液相分别进行二次处理	处理后的泥浆含水率比较大，不能直接运输或填埋	适用于处理污染水平较低的泥浆使用	广州（广佛线）4 标地铁隧道工程等
化学絮凝加机械脱水处理法	占地少，成本低，对周围的环境影响小，处理周期短，应用前景广阔	处理后的泥浆可以直接运走，对环境污染较小	适用于处理污染水平较低的泥浆	合福高速铁路 2 标段、东莞轨道交通 R 线 2311 标展中心站围护结构等

段时间待泥浆沉淀后，排去上清液，施工完毕后对沉淀底泥进行填埋复垦。在环境敏感区（如水源保护区、自然保护区等）和社会关注区（城市区域、河道、农田等）施工的废弃泥浆经自然沉淀后，用槽车运至环卫部门指定的固体废物填埋场填埋处置[22]。这种方法是一种需要时间很长、场地大的原始方式，利用岩屑在重力作用下自动沉降的原理，在地表设置冲洗液净化装置。但因泥浆胶体具有稳定性，依靠传统沉淀实现固液分离比较困难，所需要的沉淀时间长，占地面积大，施工期间遇到降雨等情况，易造成沉淀池内的泥浆外溢污染环境；静置期间还需要对沉淀池进行管理，采取适当的拦挡措施，防止人畜掉进池内；外运至填埋场还需要巨大的运输费用。

目前在我国南京长江隧道、武汉长江隧道、杭州钱江隧道等大型隧道，盾构施工产生的泥水一般通过大型泥水沉淀池的处理后，由泥浆船运至指定地点倾倒。由于传统沉淀法占地面积较大，所以目前国内外采用此方法的比较少[23]。

(2)化学固化处理法

固化法是用物理—化学的方法将有害物质包容在惰性材料当中使其稳定的方法。固化技术是从处理放射性废物发展起来的，通过在废弃泥浆中加入固化剂或凝固剂，使泥浆中水分减少，形成有一定强度的稳定的抗水固体，泥浆中的有机物和重金属被惰性化而不易被浸出，从而使有害物质不再向环境扩散和迁移[24]。固化剂一般以水泥为主要材料，辅之以水玻璃、石膏以及各种添加剂。由于水泥的pH值较高，使得污泥中的重金属离子在碱性条件下生成难溶于水的氢氧化物或碳酸盐等。某些重金属离子也可以固定在水泥基体的晶格中，从而可以有效地防止重金属的浸出。形成的固化块可以进行深埋或者用作建筑材料。传统的固化剂需要凝结3～5 d，加入复合型速凝固化剂可以将凝结时间缩短至几小时。

固化法单次处理污泥量大，污染物含量较高时处理效果也比较好，但是处理工艺相对复杂，形成的固化物体积很大，给进一步处置造成困难且成本较高。例如，胜利油田采用该方法的处理费用平均每口井3万元～5万元。日本的"地球号"科学钻探船就采用此方法处理海上钻井废弃泥浆，实现了污染物零排放。水基泥浆通过蒸馏和过滤后产生的水作为钻井用水重新被利用；废弃的泥浆脱水后与水泥搅拌，装袋后由供给船运往岸边的处理厂；钻屑由真空装置运送与水泥搅拌，装袋后运走。因此，目前固化法主要应用于含污染物较多的泥浆如石油钻井废弃泥浆和危险固体废弃物的处理。

(3)土地耕作处理法

土地耕作处理是将废弃泥浆撒在土壤表层，用机械耕作将其混匀，利用土壤中的微生物将泥浆中的有害物质吸收利用后使之降解的方法[25]。

该处理方法从经济上看是最好的方法，但其不仅填埋的地点距离城市越来越远，而且远离城市的地点也很难保证。美国已证明，泥浆与土壤按 1∶4 比例混合，作物生长正常。国内目前运用此方法的比较多，比如上海地铁明珠线二期西藏南路站[26]，还有天津地铁 2 号线红星路站等用全封闭式运输泥浆车运送至指定地点。土地耕作处理法要考虑运输成本，而且会造成二次污染，如处理不当会引起土壤板结、盐碱化等问题，因此该方法在美国受到限制甚至禁止使用，该方法正处在停滞不前的状态。

(4)化学絮凝固液分离处理法

为了克服传统沉淀法的缺点，缩短废弃泥浆的处理周期，减少临时占地面积，通过向泥浆中加入絮凝剂，破坏泥浆体系的化学稳定性，使得水与固相颗粒快速分离，使废弃泥浆减量化、干化，便于清运。此法处理工艺相对简单，废弃泥浆的处理周期短，临时占地少，不需要对分离后的固相及液相分别进行二次处理，特别适合于处理污染水平较低的泥浆，如建筑施工产生的废弃泥浆。

化学絮凝可以将泥浆进行固液分离，但沉淀分离出的固体含水率还是较高，固相还不能堆放和直接运输。故化学絮凝固液分离处理法尚未能得以广泛应用，还需要进一步的改进。

(5)化学絮凝加机械脱水处理法

化学絮凝加机械脱水处理是指在淤泥中投放固液分离药剂然后用机械设备进行泥水分离[27]。此方法可以使得沉淀分离后的固相含水率进一步降低，减少沉淀后固相的体积，更方便运输。

目前，用于泥水分离的混凝剂按照化学成分可分为无机盐类絮凝剂、有机高分子絮凝剂和微生物絮凝剂三大类，其中有机絮凝剂又可以分为天然高分子絮凝剂和人工合成有机高分子絮凝剂。

5. 絮凝剂在废弃泥浆泥水分离中的应用

目前，现有的絮凝剂主要分为无机絮凝剂、有机高分子絮凝剂和生物絮凝剂。这些絮凝剂多数是为水处理过程的絮凝研发，主要用于水处理过程中颗粒物的絮凝沉淀，也有部分絮凝剂是为污水处理过程中剩余污泥的絮凝沉淀而开发设计。

(1)无机絮凝剂

无机絮凝剂的作用原理:无机絮凝剂投加后与污泥颗粒结合作为骨架,增强了污泥絮体内部的结构稳定性,使污泥具有多孔性以利于脱水,并且结合后的絮体不容易崩溃,滤饼更容易成型。有研究表明,通过压滤进行污泥脱水时,无机调理剂调节效果优于有机调理剂,当污泥饼厚度增加、压滤压力增大时优势明显。无机絮凝剂常用于污泥脱水处理的主要是铝盐、铁盐等。

Stumm 等的经典文献把聚合和多核化合态的概念引入传统的水处理混凝理论中,他们认为凝聚、絮凝发生的主要形态,是 Al、Fe、Si 等絮凝剂的水解产物为聚合物和羟基络合物的作用[28]。

无机絮凝剂聚合氯化铝(PAC)中起最佳凝聚—絮凝作用的成分实质是聚十三铝(Al_{13}),其含量高低可以反映铝类絮凝剂的有效性,因而如何提高聚合氯化铝中 Al_{13} 含量是目前该絮凝剂产品中关注的主要技术指标[29]。

水中固体颗粒物浓度对铝盐的絮凝作用能产生很大影响。当水中固体颗粒物浓度处于较高状态时,铝盐水解后生成了大量的低聚物,此时其与固体颗粒物之间的相互碰撞结合是最重要的作用形式,该絮凝过程主要依靠脱稳作用和吸附电中作用来完成;当水中固体颗粒物浓度较低时,如果此时水流水力扰动强度不高,由于铝盐往往在数秒时间内就能水解完毕,Al^{3+} 优先转化为 $Al(OH)_3$ 完全后才会与水中固体颗粒发生碰撞接触,因而此时的絮凝过程主要依靠卷扫沉淀作业和吸附架桥作用来完成。

同铝一样,铁(Fe)作为地球上排名第二位的金属元素储存量非常丰富。铁在元素周期表中属于过渡金属,常常以多种化合价形态存在于自然界中,化学反应活性较强。铁聚合物在溶液中的羟基化水解反应与铝聚合物类似,且反应更加剧烈,非常适合作为絮凝剂应用于水处理领域。

三价铁离子(Fe^{3+})水解和聚合的具体过程目前已经得到了大量系统性研究结果。当水溶液 pH 较低,此时三价铁离子与水分子发生配位，以正八面体配位结构存在，而正四面体的配位结构只有少量存在于碱性水溶液中。当水溶液处于中性条件下，三价铁离子首先以 $Fe(H_2O)_6^{3+}$ 的水合离子形式存在，而逐步发生逐级水解。

铁系列絮凝剂投加后形成的絮体紧实、沉降速度很快，尤其是聚合硫酸铁(PFS)，应用量占据絮凝剂总应用量的第二位。

20 世纪 60 年代以来，无机高分子絮凝剂的作用机理得到广泛研究和深入发展，其工程应用得到了迅速的展开。因为与其他絮凝剂相比，无机高分子絮凝剂高效的同时价格更为低廉，例如目前水处理中用量最大的聚合氯化铝(PAC)、聚合硫酸铁(PFS)和一些复合型絮凝剂[30]。现代无机高分子化学的研究和应用是无机高分子絮凝剂的理论基础，由于无机高分子往往具有强烈且高效的络合—配合反应，所以作为污泥脱水中使用的絮凝剂，无机高分子聚合物有很大的应用前景。

(2)有机絮凝剂

有机絮凝剂以有机高分子絮凝剂为主，由有机单体化合物经聚合或高分子化合物经共聚作用形成，具有一定线形长度，含带电官能基团或中性官能基团，具有电解质作用，能溶于水[31]。

絮凝机理：通过与污泥颗粒表面电位发生电中和作用，此时絮凝剂的高分子链状结构上的带电基团可以与多个污泥固体颗粒发生吸附，彼此之间以电化学键形式相结合而形成桥连。同时有机高分子本身具有较强的吸附卷扫能力，使污泥颗粒进一步团聚形成更大的絮体颗粒，加强沉降作用。同时，其絮凝过程还伴随着强烈的网捕作用，使得固体颗粒沉降效果在极短的时间内发生。有机高分子絮凝剂和传统的无机絮凝剂相比较，普遍具有更高的相对分子质量，一般数量级保持在 $10^5 \sim 10^7$ 之间，其絮凝效果比传统的无机混凝剂更加优秀。

按照制作工艺分类，可以分为天然、改性和合成三大类。天然有机絮凝剂有动物胶、骨胶、淀粉等；改性有机絮凝剂有羧甲基化木质纤维素、接枝共聚及阳离子化木质素磺酸盐、壳聚糖类等；合成类有机絮凝剂有聚丙烯酰胺及部分水解物、聚丙烯酸钠、聚乙烯醇、聚氧化乙烯、水溶性尿酸树脂等。

在种类众多的有机絮凝剂中,聚丙烯酰胺(PAM)的年使用量远超过其他同类絮凝剂。其絮凝泥浆机理:絮凝过程主要有四种机理——压缩双电层、吸附电中和、吸附架桥和卷扫絮凝,架桥(或桥联)是指溶液中胶体和悬浮颗粒物通过有机或无机高分子絮凝剂架桥连接形成絮凝体而沉淀下来。聚丙烯酰胺线性分子链上存在酰胺基(—$CONH_2$),可与黏土颗粒表面亲和、吸附形成氢键,其余部分则伸展在泥浆中,可以与另一个表面有空位的黏土颗粒吸附。而且聚丙烯酰胺有很长的分子链,大数量级的长链在水中有巨大的吸附表面积,在黏土颗粒之间架桥,形成大絮团,加速沉降。

一般按分子链上带电基团的性质可分为:阳离子型(CPAM)、阴离子型(APAM)、两性(ACPAM)、非离子型(NPAM)四大类。

有研究者考察了投加阳离子型聚丙烯酰胺(CPAM)对污水处理厂污泥调节池采集的污泥脱水性能产生的影响,以滤液的蛋白质含量和污泥含水率为考察指标。试验结果表明,CPAM 与污泥固体颗粒发生吸附架桥作用和水化作用,有效提高了污泥脱水性能,最佳投加量应为每克污泥中固体悬浮物对应投加 CPAM 0.96 mg。投加 CPAM 后污泥的含水率降为 73.38%,且当污泥结构发生改变后,使蛋白质析出;同时激光粒度仪对污泥中固体颗粒的粒径分布分析结果表明,污泥颗粒体积明显增大,粒径大于 206.170 μm 的固体颗粒占体积分数的 90%,明显高于原泥的 D90。

壳聚糖絮凝剂用于污泥的脱水性能调理效果显著,由于其属于天然高分子聚合物,对自然界和人体没有毒害作用。刘晓娜等[32]研究者在针对某城市污水厂产生的剩余污泥脱水性能调理的研究中,考察了壳聚糖絮凝剂不同投加量和投加方式调理污泥脱水性能的效果。试验结果表明,每 100 mL 活性污泥中,最佳投加量是以 6 g/L 的溶液浓度投加 6 mL 壳聚糖絮凝剂,此时经机械脱水后污泥含水率最低,为 70.42%。如果继续增加投加量,污泥含水率、有机质含量等参数反而升高。

(3)絮凝剂联合投加

很多研究表明,两种甚至更多种不同性质的絮凝剂以一定的投加方式联合使用,往往能显著提高调理后污泥的脱水效率。有机高分子絮凝剂能极大地提高污泥过滤速度,但不能直接降低形成的污泥泥饼可压缩性;无机絮凝剂对过滤速度的提高虽然不如有机高分子絮凝剂显著,但是其与污泥中固体颗粒结合后形成的基础结构骨架使絮体具有多孔性结构以利于脱水,并且还可以使絮体保持持久性和稳定性,阻止其崩溃,泥饼的可压缩性也可以得到进一步降低。因此有很多联合使用多种絮凝剂对污泥处理的例子,如:阳离子型表面活性剂可以和阳离型高分子聚合物联合使用、阳离子型高分子聚合物可以和非离子型聚合物联合使用、无机金属絮凝剂可以和两性高分子聚合物联合使用、阳离子型高分子聚合物可以和金属盐类联合使用等。

上海交通大学的李欣等[33]研究显示,无机调理在污泥挤压类脱水方式情况下优于有机调理,尤其当压力越高、泥饼厚度越大时,这种优势会越明显。王磊等[34]通过 TEM(电镜透射)试验也证明,$Ca(OH)_2$和 $FeCl_3$以一定量投加调理污泥脱水性能后,在污泥絮体表面形成了一层晶体外壳,EDX 分析(Energy Dispersive X-ray Spectroscopy)的结果证实了 Ca、Fe、P 是该晶体外壳的主要组成元素。Chitikela 等[35]将阳离子型表面活性剂溴化十六烷基三甲基铵(HDTMA)与絮凝剂阳离子型 PAM 联合使用调理厌氧消化污泥,脱水处理试验的结果表明,两种药剂联合投加可以显著提高过滤速度,降低脱水处理后滤饼的含水率。由此可见,在污泥脱水过程中,多种絮凝剂联合投加是一种有前景的处理方式。

6. 研究现状总结

经过几十年的发展,地连墙因施工技术成熟以及支护防渗效果良好等优点在地铁车站中得到了广泛应用。对于软土地质条件,地连墙的沉槽速度快,加上泥浆护壁,确保了施工安全与进度和质量。

然而深圳等珠三角城市的地质以不同风化程度的花岗岩为主，其地铁车站在复杂的城市环境条件下深厚基岩中进行地连墙沉槽是普遍现象。

目前，关于深厚基岩成槽技术的研究主要有“土层抓斗成槽、旋挖钻机硬岩取芯、冲击方锤修孔、反循环二次清孔”、“冲抓结合法、钢筋笼分段吊装、水泥土搅拌桩加固较厚软弱土层、刚性止水接头加焊止浆板”、“L形导墙改为C形导墙、斜岩面将槽厚增加至1.2 m”、“双轮铣槽机沉槽”、“冲破岩方法沉槽”、“预先爆破的方法沉槽”、“吊脚连续墙、岩面上液压抓斗成槽机成槽、岩面下冲击钻成孔”等。

关于管线下地连墙施工技术的研究主要有“2槽3笼工艺”、“连续墙分幅调整、钢筋笼分节和雌雄槽接头形式”、“气举反循环和液压槽壁机倾斜成槽配合自制切土箱”、“利用抓斗侧齿和斗齿削切侧向土体”、“地连墙逆作施工技术”等。

关于锚杆锚索下地连墙施工技术的研究主要有“冲锤处理”、“对既有基坑采取在车站基坑侧放坡并坑底回填土方后依次拔除锚索的方案，同时通过调整车站基坑内支撑的型式”、“金刚石绳索切割技术”等。

关于废弃泥浆处理的技术，目前多采用经沉淀池沉淀后直接运往余泥渣土填埋场处置，部分则用于绿化；也有关于泥水分离和化学法沉淀或者物理沉淀等方面的研究。

综上，针对复杂环境条件下深厚基岩地下连续墙沉槽、施工及废弃泥浆处理等技术难题，未形成行之有效的一套“复杂环境深厚基岩地连墙施工成套技术”。

1.3 研究内容

1. 深厚基岩快速成槽技术

对不同成槽机具及其工艺进行对比研究，主要包括潜孔锤预钻孔工艺、冲击钻与手把钻钻进工艺、钢丝绳成槽机和液压成槽机基岩施工工艺以及基岩爆破施工工艺。同时,研制新型摩擦面式钻头,解决陡坡岩钻进施工中出现的卡钻问题。

2. 超宽管线群下地连墙施工技术

针对不能迁改的横跨地连墙的超宽管线群,研究管线下地连墙施工工艺,包括管线保护技术、管线下成槽工艺、管线下钢筋笼吊装工艺、管线下混凝土浇筑工艺等。

3. 泥浆下锚杆锚索快速切割技术

针对侵入地连墙的锚杆锚索,研制泥浆下专用切割机具,包括地面控制系统和泥浆下锚杆锚索定位切割系统,解决锚杆锚索侵入地连墙在泥浆中进行快速切割的技术难题。

4. 深厚基岩地连墙施工新技术

(1)成槽定位技术。研究钻机横向、纵向定位技术,研制横向移动定位机具,确保各钻孔在同一轴线,提高定位精度,解决吊车移机时间长、吊装安全风险大、吊装设备占用施工道路等难题,提高设备有效造孔时间,从而保证有效进尺。

(2)槽内泥浆循环技术。采用底部压缩空气循环沉渣的方式配合钻机成槽,解决槽内泥浆循环问题,同时避免钻头重复破碎钻渣导致的无效进尺,以提高工效。

(3)气举清孔技术。设计气举清孔机具,研究气举法清孔工艺。

(4)试笼检测技术。研究地连墙孔形快速检测技术,通过下设试笼,克服重锤法及超声波检测法需多点检测、全槽检测结果不直观、底部存在死角的弊端。

(5)接头施工技术。对工字钢接头后续槽回填方式进行对比研究,确定最适宜回填方式。

5. 废弃泥浆泥水分离技术

(1)废弃泥浆组分及理化性质测试分析。泥浆的理化性质与絮凝效果密切相关,因此需要对泥浆成分进行测试分析。废弃泥浆主要分析指标:密度、黏度、粒度、胶体率、含砂率、含水率、pH 及沉速等。

(2)新型泥浆絮凝剂开发。针对泥浆絮凝剂种类少而且使用成本高的问题，研发设计一种以天然矿物为主要成分的泥浆絮凝剂，并在实验室进行泥浆絮凝试验，确定絮凝最佳工艺条件（如加药方式、药剂投加量、搅拌速度、泥浆与聚沉剂最佳配比等技术参量）。

(3)废弃泥浆泥水分离工艺。综合考虑地铁施工现场占地面积、泥浆产量、现场作业条件，开发设计一套占地面积小、操作简单、效率较高的废弃泥浆泥水分离工艺体系。

1.4 研究方法及技术路线

1. 研究方法——现场试验或室内试验

通过现场工艺试验，确定最佳硬岩成槽机具配置和工艺方法；通过现场水下试验，研发锚杆锚索切割机具；通过现场工艺试验，确定管线下地连墙成槽、钢筋笼下设及混凝土浇筑工艺；通过现场试验，设计钻机定位轨道和槽内循环装置、气举清孔工艺；通过现场对比试验，确定最佳接头施工工艺；通过室内试验，对废弃泥浆成分进行测试分析，研发设计一种以天然矿物为主要成分的泥浆絮凝剂，并在实验室进行泥浆絮凝试验，确定絮凝最佳工艺条件。

2. 技术路线

(1)深厚基岩快速成槽技术研究路线如图 1.4-1 所示。

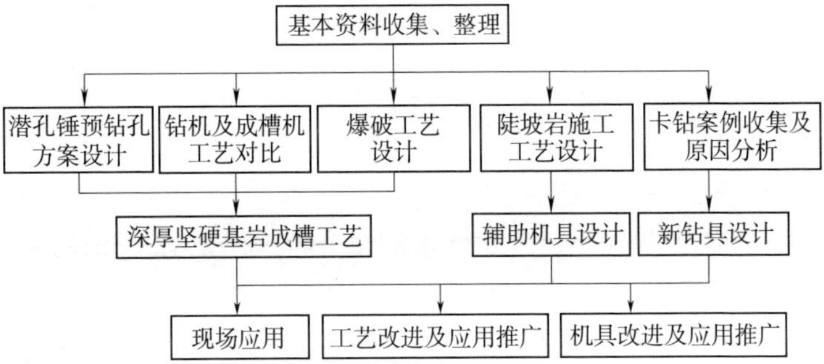

图 1.4-1 深厚坚硬基岩快速成槽技术研究路线

(2)超宽管线群下地连墙施工技术研究路线如图 1.4－2 所示。

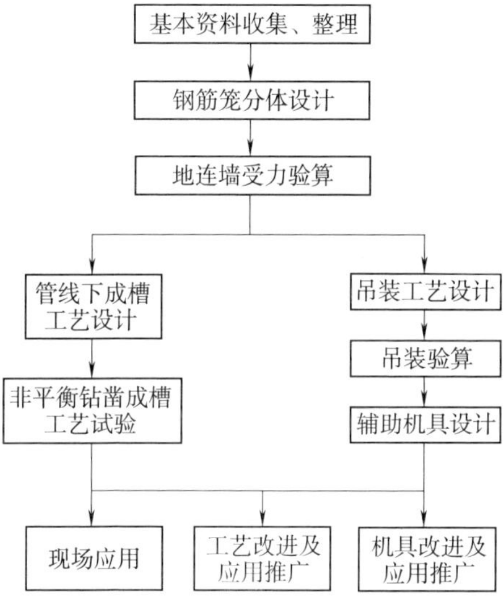

图 1.4－2 管线下地连墙施工技术研究路线

(3)成槽定位技术研究路线如图 1.4－3 所示。

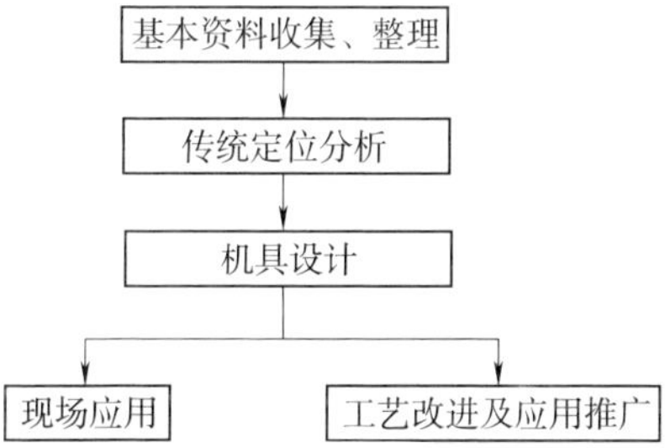

图 1.4－3 成槽定位技术研究路线

(4)泥浆下锚杆锚索快速切割技术研究路线如图 1.4－4 所示。

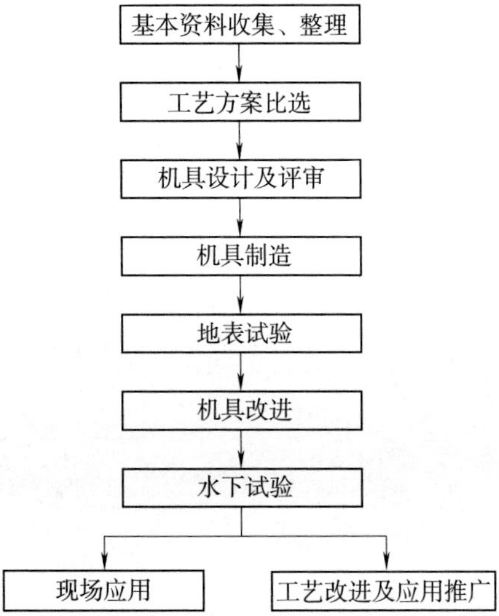

图 1.4－4　泥浆下锚杆锚索快速切割技术研究路线

(5)槽内泥浆循环技术研究路线如图 1.4－5 所示。

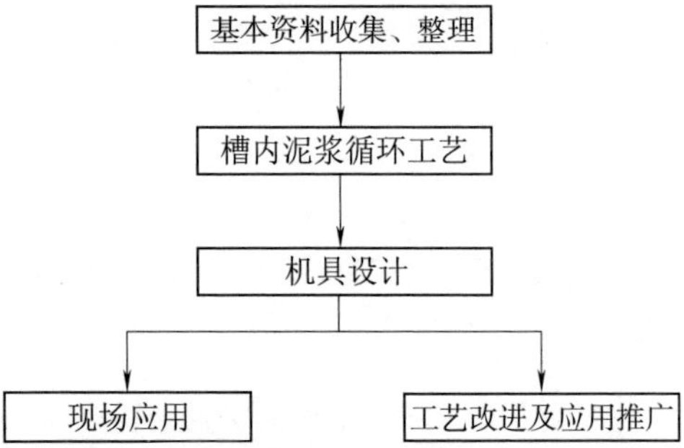

图 1.4－5　槽内泥浆循环技术研究路线

(6)气举清孔及试笼检测技术研究路线如图 1.4－6 所示。

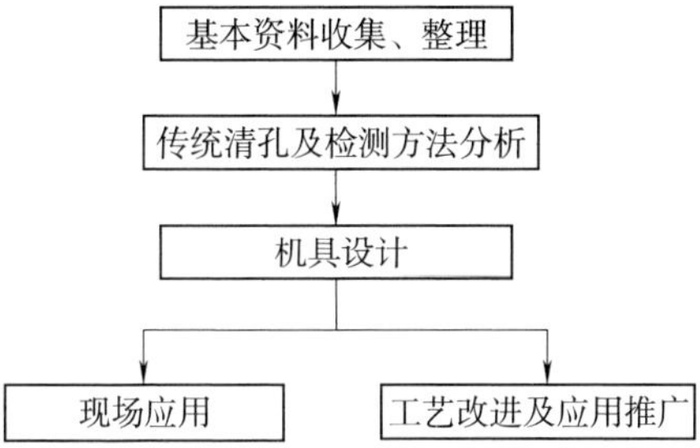

图 1.4－6 气举清孔及试笼检测技术研究路线

(7)接头施工技术研究路线如图 1.4－7 所示。

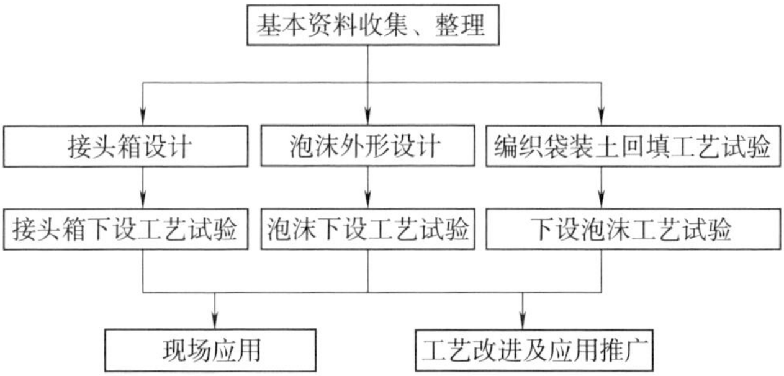

图 1.4－7 接头施工技术研究路线

第 2 章　依托工程概况

2.1　工程概况

2.1.1　深圳地铁 7 号线概述

深圳地铁 7 号线是深圳市轨道交通三期工程的重大项目之一，是连接深圳特区内南半环主要居住区与就业区的局域线，对完善深圳市轨道交通网络具有重要意义。

7 号线西起于南山区丽水路，设西丽湖、西丽、茶光、珠光、龙井、桃源村、深云、安托山、农林、车公庙、上沙、沙尾、石厦、皇岗村、福民、皇岗口岸、河套、赤尾、华强南、华强北、华新、黄木岗、八卦岭、梅园、笋岗、洪湖、田贝和太安共 28 座车站，终于罗湖区太安路。线路全长约 30.173 km，全部为地下站，其中 11 座为换乘站，二层站 17 座，三层站 10 座，四层站 1 座。除福民站、华强路站、华强北站、华新站采用盖挖法施工，丽水站、黄木岗站、笋岗站、洪湖站、田贝站等部分车站因交通疏解等原因采用局部盖挖法施工外，其余采用明挖顺作法施工，围护结构多采用地下连续墙或排桩结构(挖孔桩、钻孔桩)。

本课题主要依托皇岗村站、福民站、华新站南端(华强北 4 区～6 区)、黄木岗站和茶光站的围护结构施工进行研究，其地下连续墙的基本情况见表 2.1。

2.1.2　皇岗村站

皇岗村站是深圳地铁 7 号线第 14 个车站，车站位于水围村北侧，处在福民路与皇岗公园街交叉口，车站沿福民路东西方向布设，西接石厦站，东接福民站。皇岗村站平面如图 2.1－1 所示，典型断面如图 2.1－2 所示。

表 2.1　地连墙工程量

站　　点	轴线长度(km)	槽段总数	墙深(m)	混凝土量(m^3)
福民站	489.33	101	26.8～35.15	14 427.7
皇岗村站	600.4	105	25.59～32.17	15 925.12
华新站南端	1 158.58	199	15.94～38.63	36 084.37
黄木岗站	432.8	86	29.87～40.75	16 162.38
茶光站	236.4	94	18.62～24.34	8 342.57
合　　计	2 917.51	585	15.94～40.75	82 599.57

图 2.1－1　皇岗村站平面图

皇岗村站为地下三层岛式站台车站，站后设故障车停车线，其中地下一层为预留商业层，地下二层为站厅层，地下三层为站台层。车站中心里程处地面高程为 5.970 m，有效站台中心里程处顶板覆土 4 m，埋深 23.492 m，有效站台中心处轨道面绝对标高－15.762 m。车站全长 272.3 m，基坑宽 20.3～23.9 m，深 23.6～24.8 m，采用明挖法施工。

现状车站西北侧是东方雅苑小区，北侧为皇岗村预留用地，东北侧为皇轩酒店，西南侧为共和世家碧云轩，南侧为密集的居民楼。在车站主体结构范围内，沿着车站纵向布置有 1 根直径 1 200 mm 的

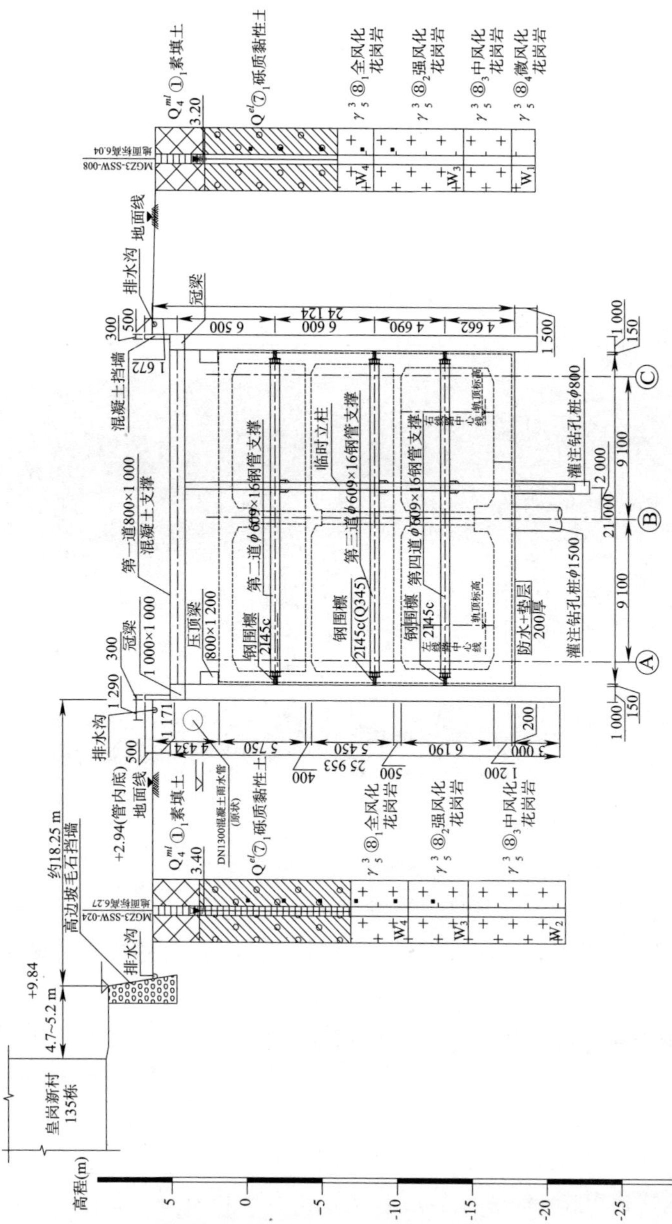

图 2.1-2 皇岗村站典型断面图(单位:mm)

污水管和 1 根直径 400 mm 的污水管、1 根直径 1 300 mm 的雨水管和 1 根直径 1 200 mm 的雨水管、1 根直径 200 mm 的燃气管等。

车站附属共设 4 个地铁出入口、4 个商业预留出入口、2 个紧急疏散通道、3 个地铁风亭组、2 个商业风亭组、2 个卫生间、1 个地铁与商业的连接通道。

2.1.3　福 民 站

福民站位于福强路西侧与金田路东侧的福民路下，呈东西方向布置，与已有 4 号线福民站形成“T”型换乘；福民路规划红线宽度 24 m，金田路规划红线宽度 46 m，车站有效站台中心里程为 DK18＋379.713。车站主体呈东西走向，东接皇岗口岸站，西接皇岗村站。福民站平面如图 2.1－3 所示，典型断面如图 2.1－4 所示。

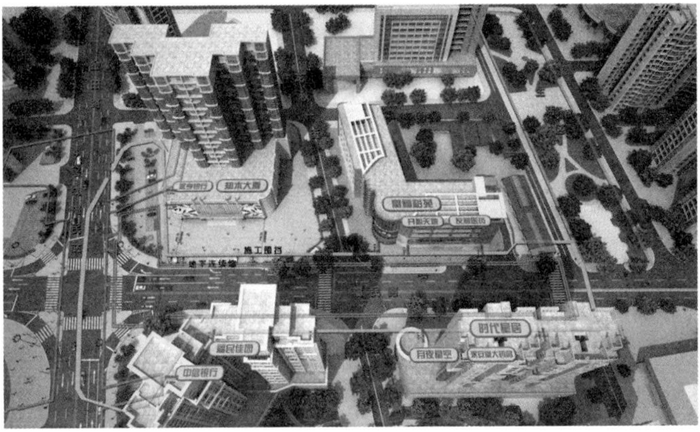

图 2.1－3　福民站平面图

福民站为地下三层 12.4 m 宽岛式站台车站，地下一层为站厅层，地下二层为设备层，地下三层为站台层。车站地面高程基本为 5.20 m，有效站台中心处轨道面绝对标高为－17.784 m，顶板覆土 3.7 m。车站全长 204.53 m，标准段宽 22.1 m，深约 24.6 m，采用盖挖逆筑法施工。

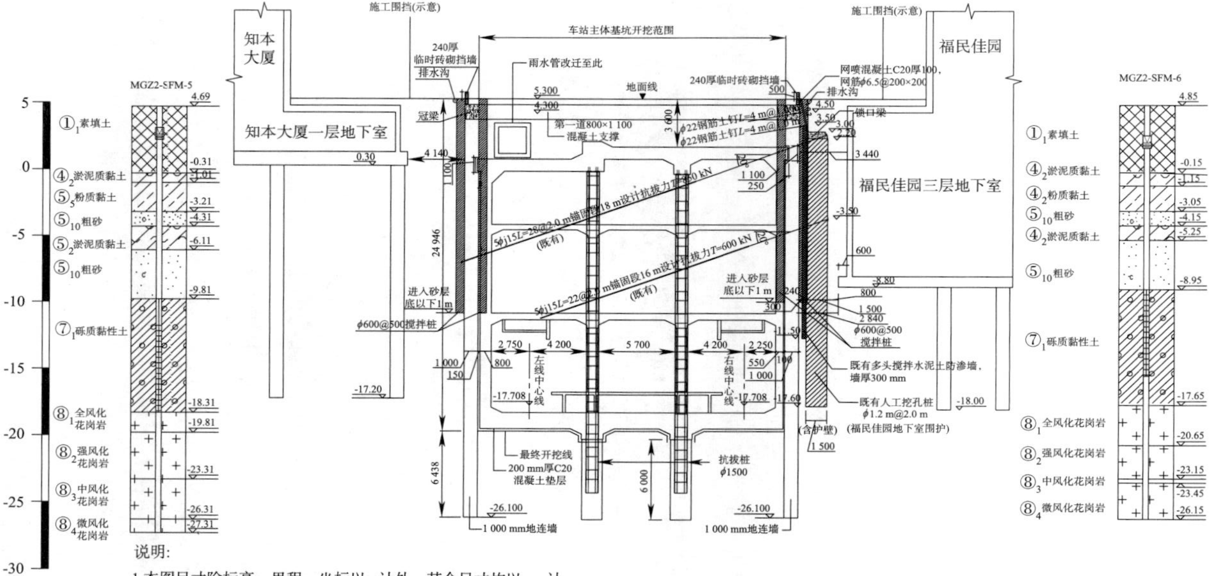

说明:

1.本图尺寸除标高、里程、坐标以m计外，其余尺寸均以mm计。
2.主体基坑采用盖挖逆筑法施工，围护结构为1 000厚地下连续墙。
3.地连墙施工时，先探明周边建筑物地下围护形式，若遇到锚索，可采用以下方法施工：
(a)连续墙施工前，先采用探地雷达进行构筑物探测，确定锚索的埋深及数量。
(b)遇到锚索时，换用冲击钻机，利用冲击钻头的多次冲击将锚索击断后，再用槽壁机继续向下施工连续墙。
(c)如果利用冲击钻机破除锚索较困难时，过锚索段采用人工挖孔施工，采用网喷混凝土随挖随护，下人作业时，两壁各立置10 mm厚钢板，用钢管加顶托对撑，纵横向间距不大于1.0 m，开挖至锚索位置后，利用钢线切割机切断锚索继续向下开挖至设计标高，要妥善处理挖孔桩与相邻连续墙的接口。
4.图中不详之处，参见总说明及相关图纸并按有关规范、规定执行。

图 2.1－4　福民站典型断面图(单位:mm)

车站周边有“知本大厦”、“皇福裕苑”、“福民佳园”、“时代星居”等建成建筑。车站位于福民路下方，周边建筑地下室相对主体建筑较为突出，距离道路红线较近，造成车站主体围护结构距离其地下室围护结构很近，施工条件比较紧张。车站主体结构范围内有 1 根 2.0 m×2.0 m(埋深约 4.82 m)的混凝土雨水管，0.9 m×1.0 m(埋深约 1.0 m)的混凝土电力沟(10 kV)，1 根 $\phi600$(埋深约 1.8 m)的铸铁给水管，1 根 $\phi600$(埋深约 2.74 m)的混凝土污水管，1 根 $\phi150$ 和 1 根 $\phi100$(埋深约 1.45 m)的塑胶煤气管，另外还有较多的电信、雨水、上水、路灯等地下管线管道，均需永迁至车站主体结构外。

车站附属共设 4 个地铁出入口、2 个紧急疏散通道、2 个人防预留通道、3 个风亭，其中 1 号风亭组采用盖挖逆筑法施工，其余均采用明挖法施工。

2.1.4　华新站南端

华新站是深圳地铁 7 号线工程的换乘站，位于福田区华强北商圈北侧，在华强北路与红荔路交接处，沿华强北路布置，华强北路规划红线宽度 30 m，车站有效站台中心里程为 DK23+128.789。华新站南端(华强北片区 4～6 区)平面如图 2.1-5 所示，典型断面如图 2.1-6 所示。

图 2.1-5　华新站南端平面图

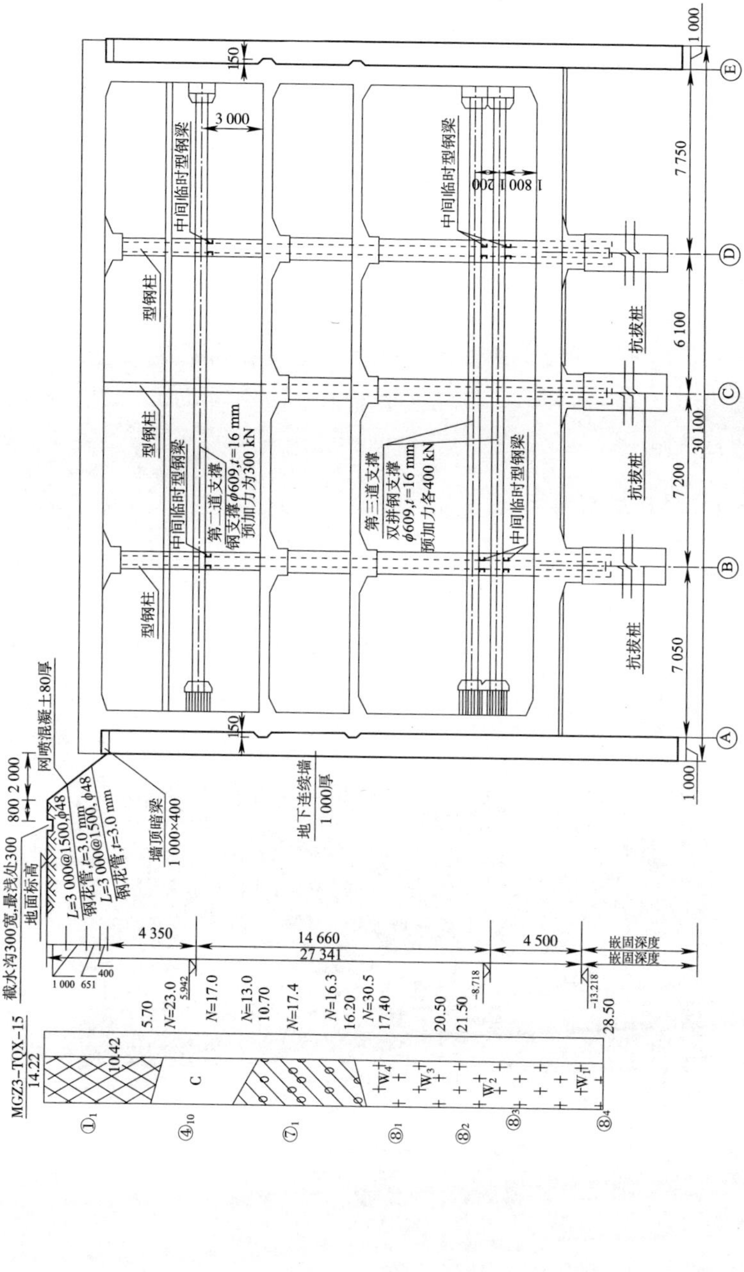

图 2.1－6 华新站南端站典型断面图(单位:mm)

华新站为地下三层、双柱三跨、12 m宽岛式站台车站，地下一层为站厅层(3、7号线公共区共享)，地下二层为设备层(3号线为站台层)，地下三层为站台层(7号线)。车站地面高程为14.10～15.40 m，有效站台中心处轨道面绝对标高为－10.460 m，顶板覆土为3.5 m。车站全长544.54 m，基坑开挖深度约为26.62 m，局部开挖深度28.4 m，基坑开挖宽度为21.80～29.90 m，采用盖挖逆筑法施工。

华新站南端西侧是绿杨食品世界、深圳儿童世界及顺电商场，东侧为群星广场及赛格科技工业园。周边为商业设施、酒店和住宅小区，人流量较大。车站范围内的主要管线有：埋深4.2～4.4 m的1 400 mm×1 600 mm混凝土雨水方沟，埋深3.6～4.4 m的ϕ1600混凝土雨水干管，埋深3.1～4.4 m的800 mm×800 mm混凝土雨水方沟，埋深2.1～4.4 m的ϕ600混凝土雨水次干管，埋深2.9～3.1 m的ϕ600混凝土污水管，沿车站西侧分布有通信管线，东侧有电力管线，多处东西向有高压电力管线。

车站有4个出入口，分别与车站的4个通道相连。

2.1.5　黄木岗站

黄木岗站位于黄木岗立交桥下，沿泥岗西路南北向布置，北接八卦岭站，南接华新站，线路正上方为笋岗西路黄木岗立交桥，东侧为体育大厦及笋岗西路东行车道，西侧为黄木岗立交下环形通道、市二医院，北侧为泥岗西路，南侧为海关海馨苑。与规划城市轨道交通14号线黄木岗站(位于泥岗西路西侧)在此可形成同台同向通道换乘，近期仅预留接口条件。车站有效站台中心里程为DK23＋857.466。黄木岗站平面如图2.1－7所示，典型断面如图2.1－8所示。

黄木岗站为地下三层上下重叠侧式站台车站，地下一层为站厅层，地下二层为右线站台层，地下三层为左线站台层。车站中心高程为20.210 m，右线轨道面绝对标高为2.065 m，左线轨道面绝对标高为－6.035 m，平均顶板覆土厚为3.5 m。车站全长232 m，车站

图 2.1-7　黄木岗站平面图

标准段外包宽为 21.85 m,基坑开挖宽度 21.45～23.3 m,开挖深度 27.2～29.8 m。

站位范围内的管线有给水、电力、污水、雨水、电信、燃气等六种,主要管线如下:800 mm×300 mm/110 kV 电力沟及 800 mm×500 mm/220 kV 电力沟位于车站主体上方;ϕ150 燃气管和 ϕ1200 污水管。

车站设置 5 个出入口,分别与车站的 4 个通道相连,均采用明挖顺筑法施工。

2.1.6　茶光站

茶光站为深圳地铁 7 号线工程的中间站,位于深圳南山区 9 号片区,沙河西路与向南的西丽南路"丁"字交叉口南侧,沿沙河西路南北方向布站。车站有效站台中心里程为 DK3＋130.862。车站起点里程为 DK2＋994.562,终点里程为 DK3＋230.962。车站全长 236.40 m,宽度 19.40 m,两端加宽段宽度分别为 21.35 m 和 23.0 m。顶板覆土厚度 3.0～3.22 m,采用明挖法施工。车站小里程接矿山法区间,大里程接盾构区间。茶光站平面如图 2.1-9 所示,典型断面如图 2.1-10 所示。

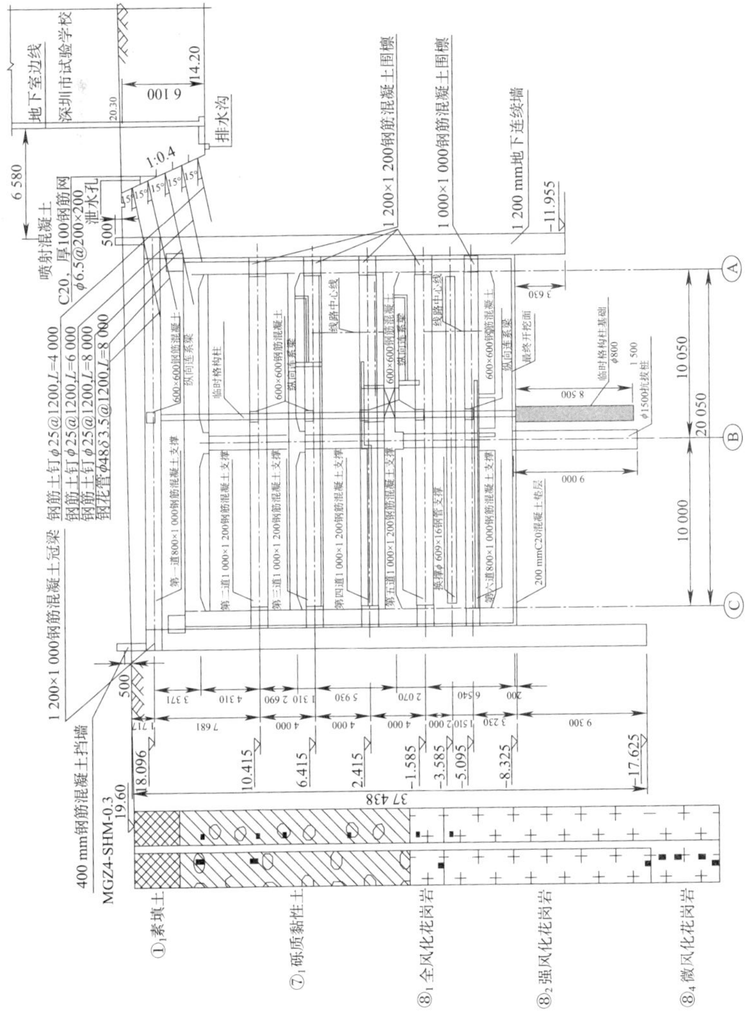

图 2.1－8　黄木岗站典型断面图(单位:mm)

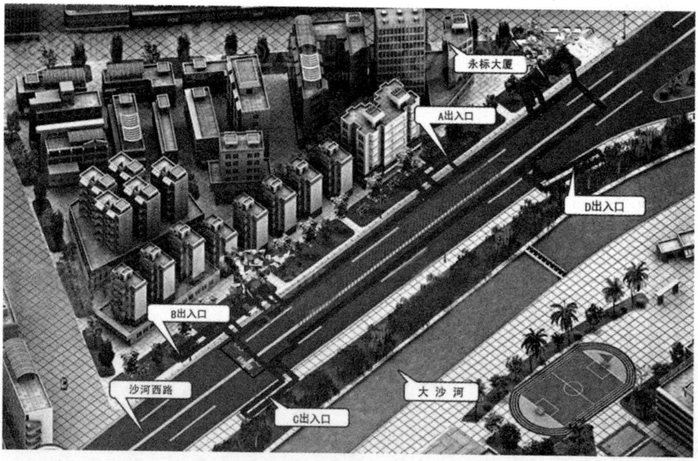

图 2.1-9 茶光站平面图

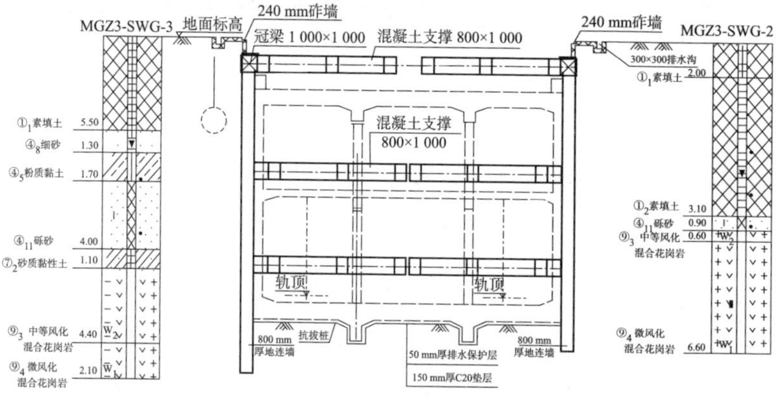

图 2.1-10 茶光站典型断面图(单位:mm)

茶光站设计为地下两层两跨的箱形结构(部分段为三跨)、岛式站台,主体结构为现浇钢筋混凝土框架结构,围护结构与主体结构侧墙间夹防水层,形成复合结构,主要采用明挖顺筑法,按“纵向分段、竖向分层、平行流水作业”进行施工。车站标准段结构外包尺寸为

19.4 m×13.49 m(宽×高)，车站所在位置富水砂层较厚，最深处达到 10 m，出入口连续墙施工前需对管线侧砂层影响范围采用旋喷桩进行加固。管线所在位置局部暗挖。

茶光站地下管线较多，车站东侧有 3 根原水管(ϕ800、ϕ2200、ϕ1000)，D 出入口的设置尽量避开了原水管，但须下穿一根 ϕ1000 原水管；C 出入口侧墙与大沙河河道齐平，并下穿两根原水管(ϕ2200、ϕ1000)，然后将第三根原水管(ϕ800)改迁到 ϕ2200 原水管附近。车站西侧有一根雨水管(ϕ600)，两根上水管(ϕ800、ϕ200)，一根天然气管(ϕ250)，还有一根污水管(ϕ1200)全部经过车站主体和 1 号、2 号风亭以及 A 出入口，车站西侧管线须全部迁改。

2.2　工程地质和水文地质

2.2.1　地形地貌

深圳地铁 7 号线工程途经地区，从深圳西部的台地，经冲洪积平原、台地、丘陵和海积平原到东部的台地，地形变化大，总地势北高南低，主要地貌单元有：海积平原、冲洪积平原、台地和丘陵。

2.2.2　工程地质

深圳地铁 7 号线工程沿线所经地区的地层主要为第四系全新统人工堆积层(Q_4^{ml})、海积层(Q_4^{m})、海冲积层(Q_4^{m+al})、冲洪积层(Q_4^{al+pl})，第四系上统更新统坡积层(Q_3^{dl})，第四系残积层(Q^{el})，震旦系混合岩和花岗片麻岩(Z)，燕山期花岗岩(γ_5^3)和加里东期混合花岗岩(Mγ3)。受区域断裂构造影响，局部岩石碎裂岩化。断层破碎带上发育碎裂岩等构造岩。根据岩土的时代成因及其工程特征，沿线勘察范围内所揭示的地层分为 12 层 51 亚层。

1. 第四系全新统人工堆积层(Q_4^{ml})

按照主要组成物质的不同可分为 5 个亚层，即①$_1$、①$_2$、①$_3$、

①$_4$、①$_5$，主要由黏性土、混砂砾、碎石、砂砾、混黏性土、碎石夹土、碎砖块、混凝土块等构成。

2. 第四系全新统海积层(Q_4^m)

主要由②$_2$淤泥质黏土构成，层厚 1.3～8.9 m，层顶高程－1.79～2.60 m，层顶埋深 2.80～6.20 m。

3. 第四系全新统海冲积层(Q_4^{m+al})

主要由③$_{11}$砾砂组成，层厚 0～3.6 m，层顶高程 0.02～1.93 m，层顶埋深 1.90～6.20 m。

4. 第四系全新统冲洪积层(Q_4^{al+pl})

按照颗粒级配或塑性指数可分为④$_1$淤泥、④$_2$淤泥质黏土、④$_3$淤泥质粉质黏土、④$_4$黏土、④$_5$粉质黏土、④$_6$粉土、④$_7$粉砂、④$_8$细砂、④$_9$中砂、④$_{10}$粗砂、④$_{11}$砾砂和④$_{13}$卵石土 13 个亚层。

5. 第四系上更新统冲洪积层(Q_3^{al+pl})

主要由⑤$_2$淤泥质黏土、⑤$_4$黏土、⑤$_5$粉质黏土、⑤$_{10}$粗砂、⑤$_{11}$砾砂、⑤$_{12}$圆砾、⑤$_{13}$卵石共 7 个亚层组成。

6. 第四系上更新统坡积层(Q_3^{dl})

按照颗粒级配或塑性指数可分为⑥$_1$黏土、⑥$_2$粉质黏土、⑥$_9$中砂 3 个亚层。

7. 残积层(Q^{el})

由燕山期花岗岩、加里东期混合花岗岩及震旦系混合岩和花岗片麻岩风化残积形成的残积土，按照其粒径大于 2 mm 颗粒含量分为⑦$_1$砾质黏性土、⑦$_2$砂质黏性土、⑦$_5$粉质黏土 3 个亚层。

8. 燕山期花岗岩(γ_5^3)

主要为褐黄色、灰白色、肉红色、浅肉红色、青灰色、褐色、褐灰色、灰绿色，中粗粒花岗结构，块状构造，主要成分为石英、长石、云母，按风化程度可分为⑧$_1$全风化花岗岩、⑧$_2$强风化花岗岩、⑧$_3$中等风化花岗岩、⑧$_4$微风化花岗岩 4 个亚层。

9. 加里东期混合花岗岩(Mγ3)

主要为灰黑色、浅肉红色，中细粒斑状结构(混合花岗结构)，块状构造，主要成分为石英、长石、云母。按风化程度可分为⑨$_1$全风化混合花岗岩、⑨$_2$强风化混合花岗岩、⑨$_3$中等风化混合花岗岩、⑨$_4$微风化混合花岗岩4个亚层。

10. 震旦系混合岩(Z)

主要成分为石英、长石，基体粒状变晶结构，块状构造。按风化程度可分为全、强、中、微风化4个亚层。

11. 震旦系花岗片麻岩(Z)

灰色、灰白色，变晶结构，片麻状构造，主要成分为石英、云母。按风化程度不同可分为⑪$_1$全风化花岗片麻岩、⑪$_2$强风化花岗片麻岩、⑪$_3$中等风化花岗片麻岩、⑪$_4$微风化花岗片麻岩4个亚层。

12. 碎裂岩(构造岩)

为断裂构造破碎带物质，碎裂结构，块状构造。按风化程度分为强、中风化2个亚层。

2.2.3 主要不良地质

(1)沿线场地普遍分布有素填土，填土成分复杂，软硬不均，属较不稳定土体，地连墙施工过程中易导致塌孔。

(2)皇岗村站第四系全新统冲洪积层(Q_4^{al+pl})存在层厚约3 m的细砂层和层厚0～4.3 m的中砂层，层顶埋深8.8～9.5 m；第四系上更新统冲洪积层(Q_3^{al+pl})存在层厚0～5 m的细砂层，层顶埋深约9 m，层厚0～2.5 m的淤泥质黏土，层顶埋深11.8～12 m，呈透镜体分布。

(3)福民站第四系全新统冲洪积层(Q_4^{al+pl})存在层厚0～3.6 m的淤泥质层，层顶埋深4.5～5 m，层厚1.4 m的细砂和层厚0～3 m的中砂；第四系上更新统冲洪积层(Q_3^{al+pl})也存在层厚0～2.1 m的淤泥质黏土、0～3.6 m的细砂层以及0～9.1 m的粗砂层、层厚3.6 m的砾砂层，部分地段有圆砾层。

(4)华新站南端第四系全新统冲洪积层(Q_4^{al+pl})存在层厚0～3.7 m的粗砂层，层厚0～2.4 m的砾砂层。

(5)黄木岗站存在层厚 0.4～6.1 m 的粗砂层，层顶埋深 1.0～6.1 m。

(6)茶光站下伏花岗岩、混合花岗岩区，残积层和风化岩中普遍存在差异风化现象，表现为强风化岩中存在中等风化岩，中等风化岩中存在微风化岩。中风化层最厚 10.6 m，而微风化层最厚 8.1 m。

(7)场地下伏基岩为燕山期花岗岩(γ_5^3)，全风化层遇水易软化，强风化层多呈坚硬土状、砂状，局部碎块状，中风化层场地分布较广，钻进困难，微风化岩层普遍较硬，岩石饱和抗压强度最大值：皇岗村站 110 MPa，福民站 132 MPa，华强北站 123 MPa，黄木岗站 114 MPa，基岩施工难度较高。

2.2.4 各车站地质断面及基岩分布

部分车站地质纵断面如图 2.2-1～图 2.2-5 所示，其基岩分布统计见表 2.2。

表 2.2 各车站基岩分布情况

车站	岩石类别	层厚(m)	层顶埋深(m)	性　状
皇岗村站	全风化	0～7.0	6.5～21.5	岩芯呈土状及土夹砂砾状，局部夹碎块状
	强风化	1.5～17.1	9.2～26.0	岩芯呈土状及土夹砂砾状、碎块状，局部夹中等风化岩块
	中风化	0～8.2	11.5～36.0	岩体节理裂隙较发育～发育
	微风化	0～10.3	15.3～26.3	岩体节理裂隙发育，为硬质岩
福民站	全风化	0～5.60	18.0～23.0	岩芯呈土状及土夹砂砾状
	强风化	0～12.29	15.9～25.5	岩芯呈坚硬土状、砂状，底部少量碎块状
	中风化	0～6.08	23.6～32.9	岩体较完整
	微风化	0～5.57	22.8～33.8	岩体完整

续上表

车站	岩石类别	层厚(m)	层顶埋深(m)	性　　状
华新站(南端)	全风化	0～10.80	6.20～29.10	风化剧烈,除石英矿物外,其他矿物已风化呈土状,钾长石手捏呈粉土、粉砂状,受扰动后易软化
	强风化	0～18.5	7.3～32.3	风化强烈,结构基本破坏,钾长石手捏呈砂状,岩芯呈砂土状,底部含较多强风化碎块,碎块手折可断,受扰动后易软化
	中风化	0～8.7	13.7～40.0	粗粒花岗结构,块状构造,岩体裂隙节理较发育,裂隙面有铁质浸染,长石风化变色,沿裂隙面风化程度较深,岩芯呈短柱状及块状
	微风化	0～19.3	9.0～41.4	粗粒结构,块状构造,岩体裂隙节理不发育～稍发育,裂隙面偶见铁质浸染,断面新鲜,为坚硬岩
黄木岗站	全风化	1.8～14.2	9.1～28.0	原岩结构基本破坏,钾长石矿物大部分风化呈粉状,岩芯呈坚硬土状,遇水软化
	强风化	2.7～23.0	16.2～38.0	风化剧烈,钾长石矿物大部分呈粒状,岩芯呈坚硬土及碎块状,遇水软化,底部钻进困难
	中风化	0.2～5.8	13.4～53.5	裂隙发育,岩芯呈块状、短柱状
	微风化	2.2～7.2	27.8～56.3	裂隙稍发育,岩芯呈短柱状,少量块状,为坚硬岩
茶光站	全风化	0～9.6	7.9～18.0	岩体呈土状及土夹砂砾状,局部夹碎块状
	强风化	0～9.5	9.3～18.2	岩体呈土状及土夹砂砾状、碎块状,局部夹中等风化岩块
	中风化	0～10.6	10.7～27.0	岩体呈碎块状、块状,节理裂隙较发育～发育
	微风化	0～8.1	9.9～22.3	岩体呈碎块状、块状,节理裂隙较发育～发育

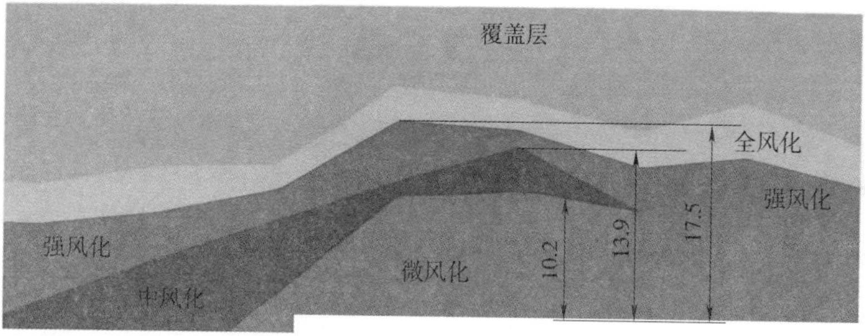

(a)东端南侧

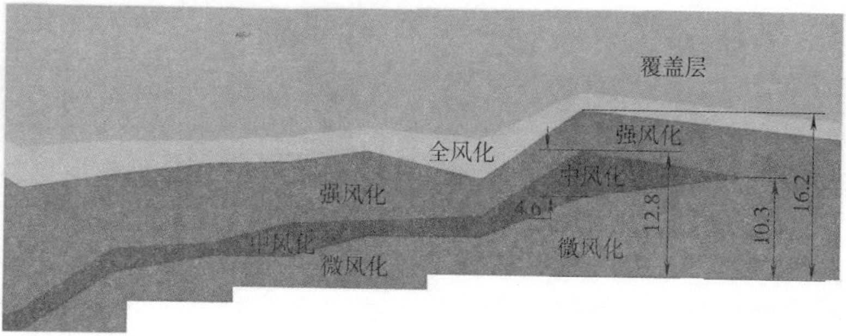

(b)东端北侧

图 2.2-1　皇岗村站地质剖面图(单位:m)

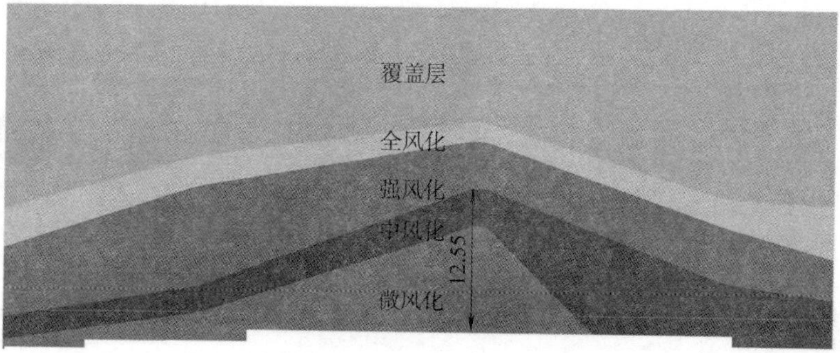

图 2.2-2　华强北 4 区西侧地质剖面图(单位:m)

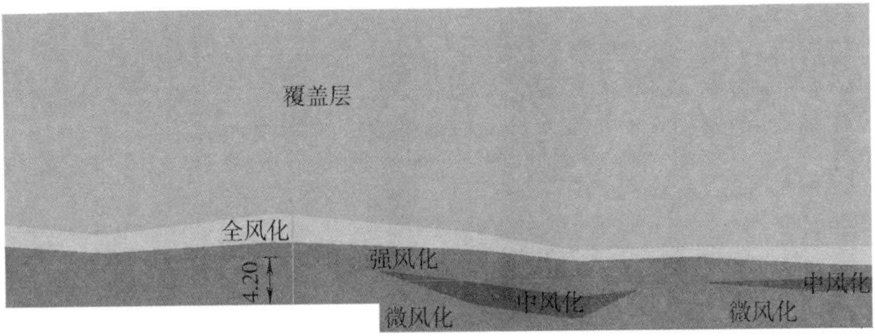

图 2.2-3　福民站典型地质剖面图(单位:m)

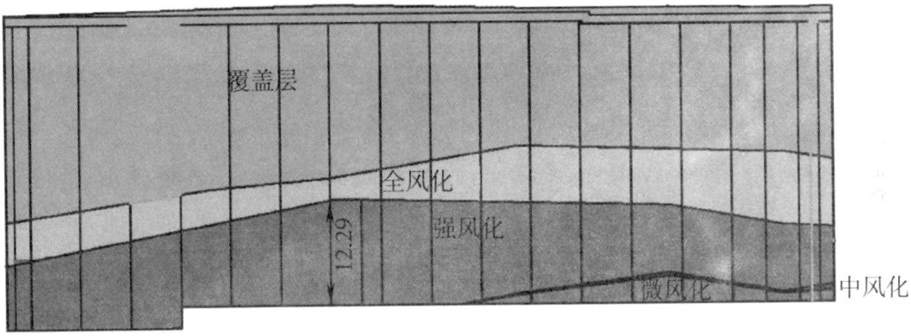

(a)西北侧

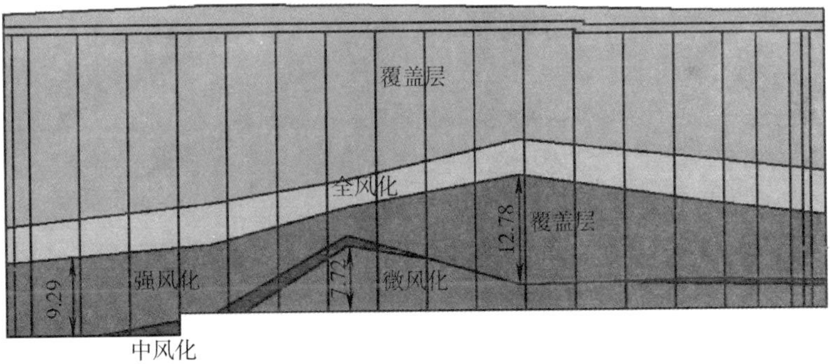

(b)西南侧

图 2.2-4　黄木岗站地质剖面图(单位:m)

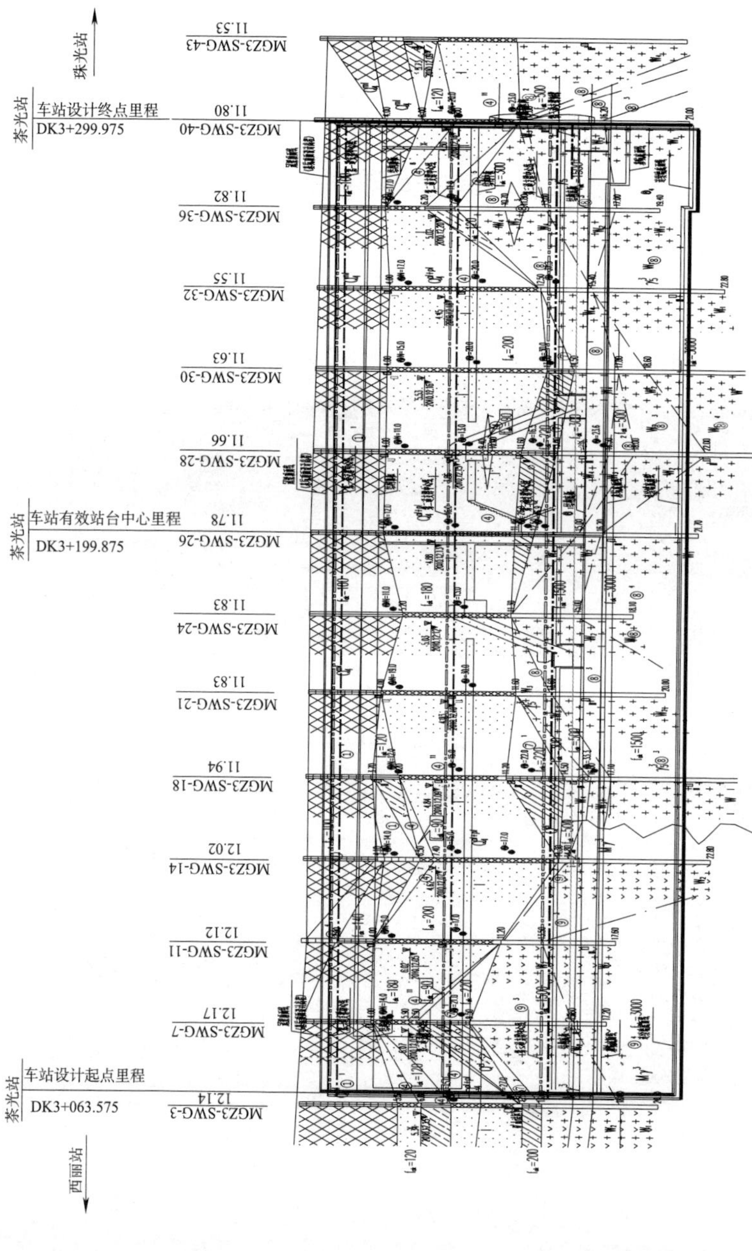

图 2.2－5　茶光站地质剖面图

2.2.5 水文地质

深圳市的气候属亚热带季风气候，热量丰富，日照时间长，雨量充沛。气候和降雨量随冬、夏季风的转换而变化。每年 5～9 月为雨季。

沿线地下水按赋存条件主要分为孔隙水及基岩裂隙水。孔隙水主要赋存在第四系黏性土、砂层、圆砾及残积层和全风化岩层中，砂层、圆砾层地下水略具承压性。基岩裂隙水主要赋存在强风化层～中等风化层中，略具承压性。勘察期间地下水位埋深 0.7～12.1 m，水位高程－0.92～58.80 m，水位变幅一般 0.5～2.0 m。

地下水的排泄途径主要是蒸发。主要补给来源为大气降水，在枯水期受海水、河水补给。

2.3 工程重难点

1. 周边环境复杂、建(构)筑物保护难度大

皇岗村站、福民站、华强北片区均位于繁华地段，建(构)筑物、地下管线密集。皇岗村站西北侧是东方雅苑小区，东北侧为皇轩酒店，西南侧为共和世家碧云轩，均为高层建筑，地下室 2～3 层，南侧为 3～6 层年代较为久远的密集居民楼及 4～5 m 高、接近 90°的高边坡。福民站两侧为知本大厦、皇福裕苑、福民佳园、时代星居 4 栋高层建筑，均有 2～3 层地下室，离基坑最近距离为 2 m。华强北片区位于全国闻名的电子商业街，周边商铺林立，车流、客流量巨大，每天人流量约 50 万人，仅茂业广场车流量每天约 4 000 辆，属高度敏感区域。黄木岗站距体育大厦 8 m。因此，周边建筑保护难度大。

2. 侵入地连墙的锚索锚杆处理技术难度大、风险高

根据初步设计提供的资料，周边建筑物地下室围护结构多数存在锚索或锚杆。福民站南侧的福民佳园有 3 层地下室，其围护结构为 A1200@2000 mm 人工挖孔桩＋1～2 道 28 m/22 m 长预应力锚

索+止水帷幕;北侧的皇福裕苑有1～2层地下室,围护结构为搅拌桩加锚杆或锚索;南侧的时代星居有1～2层地下室,围护结构为双排搅拌桩+3道锚杆。皇岗村站北侧的皇轩酒店及华强北茂业百货均有2层地下室,围护结构为搅拌桩加锚索,锚索具体分布不明。泥浆下锚索锚杆的破除,技术难度大,且存在未知风险。

3. 地连墙入岩较深、基岩施工难度高

墙体入岩较深,其中皇岗村站地连墙穿透强风化岩最厚12 m,穿透中风化岩最厚8.4 m,入微风化岩最厚10.2 m,中微风化岩占成槽总量的22%,东端头槽段中微风化岩占整个槽段成槽方量的45%～55%,岩面倾斜度较大,局部达45°。

福民站基岩强度最高,达132 MPa。华强北4区、5区中微风化岩层最厚12.4 m,岩面斜度最大约45°,基岩强度129 MPa。黄木岗站基岩总量为成槽总量的52%。基岩施工难度很高,尤其是倾斜度较大的地段,槽段垂直度不宜保证。

4. 施工区内管线复杂

各工点施工区范围内均存在密集地下管线,这些管线部分不能迁改或迁改时间不满足工期要求,地连墙施工过程中需进行悬吊保护。皇岗村站、华强北及黄木岗站还存在不能迁改且横跨地连墙轴线的通信管线或110 kV高压电力管线,对于这些管线影响范围内的地连墙,不仅在施工过程中要对管线进行保护,而且管线下成槽及钢筋笼下设安装本身技术和工艺难度很高。

如图2.3所示位于华新站南端WD149号槽的通信管线,该管线宽1.15 m,厚1 m,顶部埋深1.2 m,管线垂直于地连墙轴线。

5. 场地狭小、场地平面布置及施工组织难度大、交叉施工影响大

由于地铁车站多处闹市区,施工场地狭小,场地平面布置是关键。各车站均存在地连墙与格构柱、地连墙与其他非BT项目交叉施工的问题,在狭小的场地条件下相互干扰、相互影响。为保持华强北片区正常的商业运转,整个围护结构分为6个作业区同时施工,各

交叉路口车辆和行人正常通行，并需倒边施工。黄木岗站由于交通疏解原因分4期进行围挡，每期围挡内场地均十分有限。

图 2.3　WD149 通信管线垂直地连墙轴线

第3章　地连墙施工工艺

3.1　地连墙施工工艺流程

在地连墙施工中，先在地面上开挖施作导墙，然后采用专用的成槽机械在泥浆护壁的情况下开挖一个槽段，待开挖至设计深度后清槽，把在地面上加工好的钢筋笼用起重机吊放入有泥浆的槽内，然后用导管向槽内浇筑混凝土，混凝土由槽底部开始逐渐向上浇筑，并置换出泥浆，待混凝土浇至设计标高后，一副地连墙就施工完成了。地连墙幅间采用工字钢等接头连接，形成连续的地下钢筋混凝土墙。

地连墙施工流程：测量定位→施工导墙→成槽→清孔验收→安装钢筋笼→浇筑水下混凝土，如图3.1所示。成槽、清孔验收及混凝土浇筑是地连墙施工关键工序。

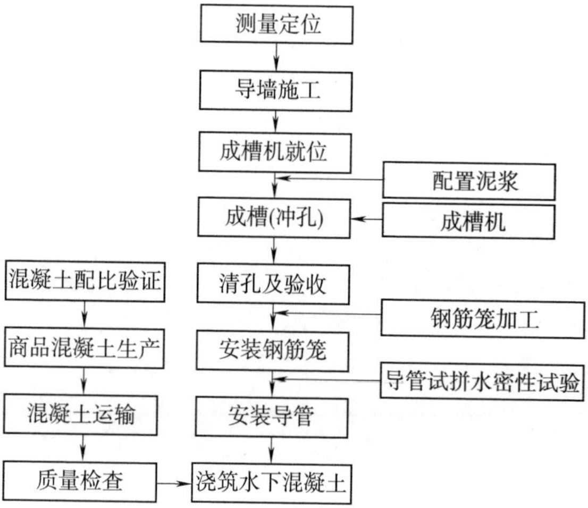

图3.1　地连墙施工工艺流程

3.2　施工准备

3.2.1　导墙施作及场地硬化

1. 导墙及场地硬化的作用

导墙和硬化的场地是地连墙施工十分重要的临时设施。

(1)导墙的中心线就是地连墙的中心线，由导墙可以确定和检查地连墙的平面位置，导墙顶面高程也是墙深以及混凝土浇筑高程的基准。导墙在施工中可能会发生变位，因此需在导墙附近设置测量基准点，以便必要时测定导墙位置的变化。

(2)导墙和硬化的场地共同保护孔口的土体，防止坍塌。在钻孔过程中，钻具经常撞击孔口，槽孔口的泥浆液面经常波动，冲刷孔壁，废水和雨水在孔口附近漫流，导墙和硬化的场地可以保证孔口稳定及槽内泥浆不被污染。

(3)地连墙的施工设备通常都很重，需要在硬化的场地上作业，对导墙及硬化的场地地面造成了很大的附加土压力。导墙起到挡土墙的作用以保持槽口附近土体的稳定，硬化的场地将上部荷载分散到地基土上。

2. 导墙施工

由于场地内表层多为人工填土层，结构较为松散，为保证施工安全，拟在导墙施工前对其附近以及下部土体进行夯实或加固。

根据测量基准点坐标对地连墙轴线进行测量放线，将测量数据上报监理审批后对导墙进行实地放样、开挖和浇筑。根据围蔽空间大小进行多次分段施工导墙，一次分段长度控制在 30～50 m 左右。

导墙为“┓ ┏”形现浇钢筋混凝土结构，如图 3.2-1 所示。导墙内侧净宽度比连续墙宽 40～60 mm，采用 ϕ12 二级螺纹钢和 ϕ8 圆钢。导墙各转角处需向外延伸，以满足开挖长度及钻孔的需要。严格按照设计图纸及相关技术规范要求进行导墙施工，各种偏差控制在规范允许值范围内。

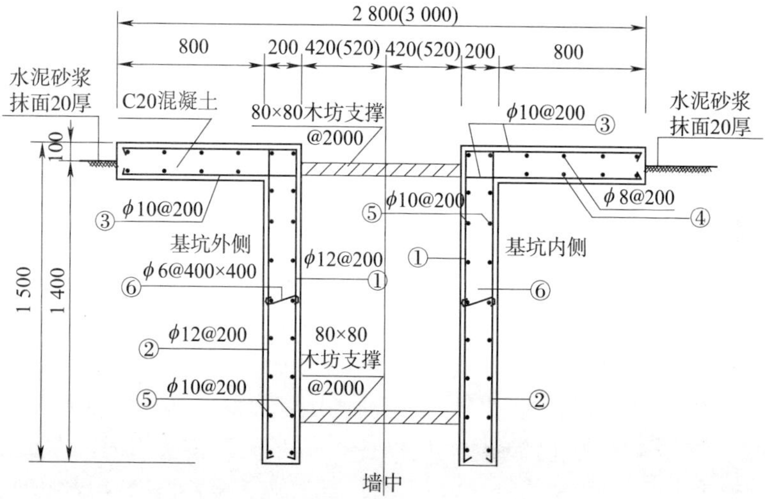

图 3.2-1 导墙断面图(单位:mm)

导墙施工注意事项如下:

(1)导墙在平面上必须按测量位置施工,其顶面应根据高程进行控制,分段范围内高差不超过±10 mm,局部高差不超过±5 mm。在竖向上必须保证导墙垂直,它直接关系着地下连续墙的精度。

(2)拆模后应立即在导墙内侧每隔 1～3 m 加临时支撑,导墙内回填土,且在导墙未达到设计强度前重型机械不得在旁边行走,以免导墙变形。

(3)导墙底面、侧面浇筑时应和土体密贴。

(4)导墙内水平钢筋必须连成整体。

(5)导墙转角处应做特殊处理,以保证转角处断面的完整。

(6)导墙的施工接头位置应与地下连续墙的施工接头错开。

3. 施工场地硬化

地连墙施工所用大型设备较多,对场地硬化要求较高。履带吊和铣槽机经过的场地多采用 C20 钢筋混凝土浇筑,厚度不小于 15 cm,含筋率 50 kg/m³,宽 10 m。成槽机及钻机行走的场地宽

8 m,采用 C15 钢筋混凝土浇筑,厚度不小于 10 cm。为便于浆渣、污水排放以及现场整洁,硬化的场地两侧要预留各种管线通道和浆水管路。

3.2.2　泥浆系统

泥浆搅拌系统的布置应充分利用现场边角场地,在减少转移、减少对其他施工工序影响的前提下,尽量扩大膨润土或黏土仓库和浆池。浆池容积一般不应少于 3～4 个标准槽段所需泥浆量,并区分搅浆池、膨化池、储浆池、回浆池、废渣池和废浆处置池。

膨润土仓库应对地基进行处理,必须设置排水通道和防潮设施,可以浇筑梁式混凝土基础,上铺方木、木板及彩条布,仓库外侧必须用彩钢瓦密封。

选用高速搅拌机制浆,安放在搅浆平台上。泥浆输送管道可沿轴线布置,一般采用 PVC 管。除废弃泥浆处置池外,其他浆池均应设置浆液输送泵。沿浆管每 15～20 m 布置一个供浆与回浆接口,通过软管输送至槽内面。当同时成槽、浇筑的槽段较多时,宜单独设置供浆和回浆管路。

在设置浆渣处理系统时应兼顾所有槽段,充分考虑场地布置。浆渣处理分为“固液分离”和“泥水分离”,固液分离可采用沉淀池或振动筛(图 3.2－2),泥水分离通常采用压滤机(图 3.2－3)。

图 3.2－2　采用振动筛进行固液分离

图 3.2－3　采用压滤机进行泥水分离

3.2.3　钢筋笼加工场地

钢筋笼加工场地包括原材料存放场、钢筋笼加工场及成品存放场。原材料存放场地面设混凝土墩墙，高度约 30 cm。钢筋笼加工场应有良好的排水通道。现场加工好的钢筋笼如图 3.2－4 所示。钢筋笼加工场的地面必须用混凝土硬化，为保证钢筋笼制作精度，需制作专门的钢筋笼加工平台，平台要求平整。如图 3.2－5 所示，平台按 1.8 m×2.0 m 间距布置 20 号工字钢底座，工字钢交叉位置需设置钢筋混凝土墩台，墩台钢筋与混凝土地面钢筋绑扎在一起，墩台与混凝土地面可同时浇筑。工字钢平台宽度为 6 m，长度比最长钢筋笼稍长。为便于钢筋和预埋件安放，可在工字钢上设置定位卡。

图 3.2－4　现场加工好的钢筋笼

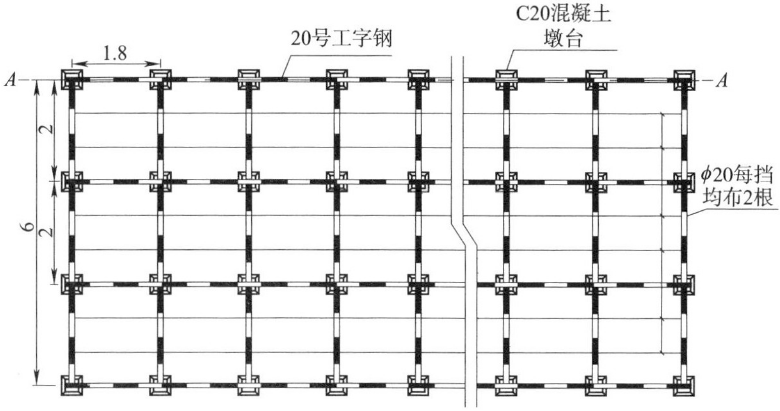

(a)钢筋笼加工平台平面图

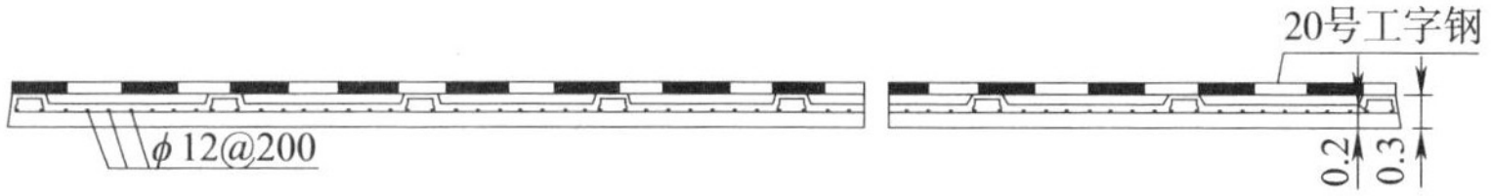

(b)*A*-*A* 剖面图

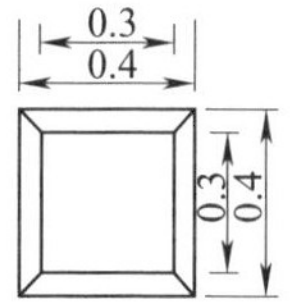

(c)C20 混凝土墩台大样图

注：

1. 图中尺寸单位为 m。
2. 加工平台工字钢长度方向为通长布置。
3. 图中所用支撑钢筋为直径 20 mm 的螺纹钢。
4. 施工平台宽度为 6 m，长度方向根据施工现场条件灵活规划。
5. 墩台主筋及分布筋均为直径 12 mm 的螺纹钢，钢筋保护层为 5 cm。

图 3.2－5　钢筋笼加工平台示意图

3.2.4　施工供水供电与临时道路

现场供用电必须符合《施工现场临时用电安全技术规范》(JGJ 46—2005)的有关要求。现场必须设置足够容量的变压器或发电机，配电系统必须设置一级总配电箱、二级分配电箱、三级开关箱，实行“三级配电二级漏电保护”模式。每台用电设备必须有各自专用的开关箱，动力开关箱必须实行“一机一闸一箱一漏”模式。除照明外，严禁用同一个开关箱直接控制两台及以上用电设备。

施工中所有电缆线必须为架空或埋地，且均采用绝缘导线与绝缘瓷瓶牢固绑扎，电缆干线必须采用五芯电缆。架空敷设电缆线路时，最大弧距地不得小于 2.5 m，通过道路口架空高度应距地面 6 m 以上，并设过路车辆限高警示标志。埋地敷设深度不应小于 0.7 m，并在电缆上下各均匀铺设不小于 50 mm 厚的细纱，然后覆盖硬质保护层。过路时应有钢管保护，在地面设置“下有电缆”的明显标志并标示其路径方向。

现场应设置完善的供排水系统，供水管路采用 2 寸 PVC 管或钢管，每隔 15～20 m 布置一个接水口，通过橡胶管送至各施工作业面。

根据施工需要，场内主要施工便道应进行硬化。普通运输道路采用 C20 钢筋混凝土铺筑，厚度不小于 15 cm，含筋率 45 kg/m^3 左右。人行通道可采用 C15 素混凝土铺筑，厚度约 10 cm。现场采用隔离栅栏，分隔人行、车行通道。

3.3　成　　槽

3.3.1　成槽设备选型

成槽设备按其工作原理主要分为抓斗式、冲击式和回转式三大类，在地连墙施工中，应根据不用地层选择不同设备，组合使用。

1. 抓斗式成槽设备

抓斗式成槽设备常见的是钢丝绳成槽机和液压成槽机。均是以斗齿、斗刃切削土层，将土渣收容在斗体内，从槽孔内提出，开斗弃掉，反复挖掘，完成造孔作业。成槽机的挖掘动作有斗齿铲挖和斗刃切削，但这两种动作都是先把斗齿和斗刃切入地基土之后开始挖土，切入地基土时所需之压力由斗体的自重产生。

成槽机的主要优点：①泥浆用量少。成槽机主要通过斗体直接挖掘土体，泥浆只起固壁作用，不再有悬浮钻渣的功能，因此泥浆用量较少，环境污染小。②工效高。成槽机直接抓取土体，大大提高了出渣效率，因此施工工效较高，在覆盖层中最高可达到 220 m^2/工日。③噪声小。成槽机属于低噪声低振动设备，使用过程中主要为发动机产生的噪声。④成槽精度高。成槽机上一般都带有导向或测斜、纠偏装置，成槽精度优于其他设备。

成槽机的主要缺点是对硬质地层适应性较差。当地层标贯度 N 超过 40 时，成槽工效明显降低；对含有大漂石的地层或坚硬基岩，需其他设备配合施工。相比液压成槽机，钢丝绳成槽机斗可以配备重锤，配合斗体施工含漂石地层或硬岩层。

2. 冲击式成槽设备

冲击式成槽设备主要有手把式冲击钻(简称手把钻)、电动式冲击钻(简称冲击钻)、冲击反循环钻机。冲击式钻机是通过钻头向下的冲击运动破碎地基土，形成钻孔。即利用钢丝绳悬吊冲击钻头进行往复提升和下落运动，依靠其自身的重量反复冲击破碎地层成孔。一般先钻进主孔，后劈打副孔，主、副孔相连成为一个槽孔。冲击反循环钻机在空心套筒式钻头中心设置排渣管(或用反循环砂石泵)抽吸含钻渣的泥浆，送至泥浆处理系统，净化处理后送回储浆池再用，使得排渣效率大大提高，钻渣中粒径小于排渣管内径的碎石和砂粒70%～80%均可很快地抽出，减少了重复破碎的工作，施工工效较高。

冲击钻的主要优点是地层适应能力强，适用软土、砂砾石、漂卵石和基岩等多种地层，还可用于修孔。冲击钻的主要缺点是浆液使用量大，排渣困难。

3. 回转式成槽设备

回转式成槽设备包括垂直回转和水平回转两类。

垂直回转钻机包括单头钻机和多头钻机、旋挖钻机。单头钻机多采用反循环钻进工艺，在细颗粒地层也可采用正循环出渣。由于钻进中会遇到从软土到基岩的各种地层，一般均配备多种钻头以适应钻进的需要。多头回转钻是利用两个或多个潜水电机，通过传动装置带动钻机下的多个钻头旋转，等钻速对称切削土层成槽，一般采用泵吸反循环排渣。回转钻机一般只适用于标贯度 N 小于 30 的覆盖层。旋挖钻机的地层适应能力强于回转钻机。

回转钻机的主要优点是施工时无振动无噪声，可连续进行挖槽和排渣，不需要反复提钻，施工效率高，施工质量较好，垂直度可控。回转钻机的缺点是地层适应能力差，对于含有粒径较大砾石的砾石层、硬岩层等无法施工。旋挖钻机在比较坚硬的地质条件下可以成槽，但倾斜度不宜控制，且成本较高，噪声较大。

水平式回转钻机主要是液压铣槽机，主要利用两个铣轮向相互反向旋转来削掘岩(土)并破碎成小块，利用机架自身配置的泵吸反循环系统将钻掘出的土岩渣与泥浆混合物通过铣轮中间的吸砂口抽吸出排到地面后台进行集中处理，将泥土和岩石碎块从泥浆中分离，净化后的泥浆重新抽回槽中循环使用，如此往复，直至终孔成槽。

液压铣槽机主要优点：①对地层适应性强，淤泥、砂、砾石、卵石、坚硬岩石等均可施工；②施工效率高，铣削速度快，一般覆盖层可达 20～40 m^3/h；③成槽精度高，配有测斜装置和导向调节系统、可调角度的鼓轮旋铣器，垂直度高达 1‰～2‰；④能直接切割先序槽端部混凝土，直接形成良好的墙体接头；⑤设备自动化程度高，运转灵活，操作方便，有电子指示仪监控施工全过程，并自动记录和保存测斜资料；⑥低噪声、低振动，可以贴近建筑物施工。

液压铣槽机缺点是不适合黏性土地层，不适用于含有较大卵石、孤石的地层，对地层中的钢筋等铁件较为敏感。

3.3.2　成槽工艺

1. 槽段划分

槽段分幅应充分考虑地层特点、成槽设备、钢筋笼起吊、浇筑速度和现场实际情况等因素。根据分幅方案，技术人员应现场量测，在导墙和相对固定的位置上分别进行槽段标识。标识内容包括槽段分幅、接头边线、槽段编号等。

2. 成槽方法

成槽方法可选择“纯抓法”“钻凿法”“铣削法”“钻抓法”“重凿法”“爆破法”等。

(1)纯抓法

直接利用成槽机三抓开挖地层成槽，先施工两端单元，后施工中间单元。主要适用于覆盖层开挖和全强风化层开挖。

(2)钻凿法

手把钻或冲击钻直接冲击成槽。主要适用于基岩施工。宜采用平凿法，各点高差 30～50 cm。平凿时前后钻搭接约 2/3。

(3)铣削法

直接利用液压铣铣削岩层成槽，必要时可先用钻机钻打主孔，液压铣铣削副孔。

(4)钻抓法

在砂层较厚的覆盖层或全强风化岩层，宜采用钻机钻打导孔，成槽机抓取副孔。

(5)重凿法

基岩施工，尤其是全强风化层、中等风化层施工，应优先考虑重锤配合抓斗施工，即先用重锤冲凿，再用抓斗捞取冲凿的岩块。

(6)爆破法

当入岩深度较深且成槽工效低下时，可考虑采用爆破法施工，爆破方法可采用聚能爆破或水下钻孔预爆。

3. 槽段开挖质量控制

(1)质量控制措施

①槽段开挖质量的好坏直接关系地连墙的成墙质量,因此应确保槽深、垂直度、槽宽满足设计要求。槽底高差不宜过大,一般控制在 30 cm 以内。

②冲击钻机要勤测槽深和垂直度,若发现垂直度超标,要及时修正。抓斗开槽要慢,确保开槽垂直度,要根据地层情况控制进尺,发现超标及时修正。

③要经常检查斗体和钻头的磨损情况,磨损严重时及时补焊,确保槽段宽度满足设计要求。

④接近不同地层交界处、软硬地层交界处时应特别留意,应适当降低成槽速度,防止地层变化引起偏斜、卡钻。

(2)验收控制标准和检测方法

每槽段完成后进行成槽检测,检测合格方可进入下道工序施工,对检测不合要求的槽段重新进行修正。槽段终孔验收控制标准见表 3.3。

表 3.3 槽段终孔验收控制标准

序　号	项　目	质量标准
1	垂直度	一般不大于 1/150
2	槽　深	±100 mm
3	槽　宽	±10 mm
4	槽　长	±50 mm

检测方法如下:

①槽孔宽度:以冲击钻钻头直径或斗体厚度检测。

②槽孔深度:测锤。

③槽孔的开孔:开孔孔位偏差不应大于 3 cm。导墙建造完毕,应测量各槽孔的孔位,并用红色油漆准确标注在两侧导墙上,以此控制开孔孔位。

④槽孔垂直度:采用声波测井仪或重锤进行检测。

3.4　泥浆搅拌、回收及废浆处理

3.4.1　泥浆搅拌

采用高速搅拌机制浆，先将所需要的水放入搅拌桶中，再放入膨润土，新制泥浆应经过充分膨化后再使用。不同地区、不同地段、不同地质条件、不同施工设备对泥浆性能要求存在较大差异，为了达到最佳的护壁效果，应根据实际情况进行泥浆配比试验，确定最适合的配比。施工不同阶段泥浆性能控制标准见表3.4－1。

表3.4－1　泥浆性能控制标准

性能指标	阶段			试验方法
	新制泥浆	供重复使用泥浆	混凝土浇筑前槽内泥浆	
密度(g/m^3)	<1.1	<1.25	≤1.2	泥浆比重计
黏度(s)	32～50	32～60	32～50	马氏漏斗
失水量(mL/30 min)	<30	<50	不要求	失水量仪
泥饼厚(mm)	<3	<6	不要求	
pH值	7～11	7～12	不要求	试纸
含砂量(%)	不要求	<8	≤4	含砂量测定仪

3.4.2　泥浆回收与处理

1. 泥浆回收

冲击钻施工时，采用反循环抽取槽内含渣泥浆到循环泥浆处理池中，经泥浆净化处理后排入回浆池。成槽机施工时，斗体倾倒渣土时应沥尽携带浆液。双轮铣施工时采用自身泥浆回收处理系统回收泥浆。浇筑过程中，槽段上部的浆液经过净化处理后可以使用，下部浆液应予废弃。

2. 浆渣处理

地连墙施工过程中，泥浆要与地下水、砂、土、混凝土等接触，膨润土、外加剂等成分会有所消耗，而且混入的一些土渣和电解质离子等，使泥浆受到污染而导致其性能恶化，须及时进行浆渣处理。

浆渣处理，一是成槽过程中处理含有大量土渣的泥浆，俗称“固液分离”，采用重力沉淀或振动筛，将沉积在泥浆中的渣土分离，剩余浆液由于固壁性能降低需重新处理后循环使用，处理方式一般是增加适量膨润土和增黏剂；二是混凝土浇筑过程中处理混凝土置换出来的泥浆，尤其是靠近底部受混凝土污染的泥浆。这种泥浆几乎散失固壁效果，一方面使得泥浆的泥皮形成性能减弱，槽壁稳定性较差；另一方面使得泥浆黏性增高，土渣分离困难，在泵和管道内的流动阻力增大，必须进行化学处理后才能正常使用。通常，混凝土面以上 3 m 左右浆液因污染严重可直接废弃。污染泥浆处理的方法见表 3.4－2。

表 3.4－2　污染泥浆处理的一般方法

调整项目	一般处理方法	对其他性能的影响
增加黏度	加膨润土	失水量减小，稳定性、静切力、比重增加
	加 CMC	失水量减小，稳定性、静切力增加，比重不变
	加纯碱	失水量减小，稳定性、静切力、pH 值增加，比重不变
减少黏度	加水	失水量增加，比重、静切力减小
增加比重	加膨润土	黏度、稳定性增加
减少比重	加水	黏度、稳定性减小，失水量增加
增加静切力	加膨润土和 CMC	黏度、稳定性增加，失水量减小
减少静切力	加水	黏度、比重减小，失水量增加
减少失水量	加膨润土和 CMC	黏度、稳定性增加
增加稳定性	加膨润土和 CMC	黏度增加，失水量减小

3.4.3　泥浆质量控制

严格控制泥浆面高度，确保泥浆面在地下水位以上 0.5 m，并不低于导墙顶面以下 0.3 m。浆液不足时，应及时补充，以防槽壁坍塌。在漏失地层应适当加大泥浆比重，增强其黏度，必要时投入锯末等堵漏材料。在各类砂层中施工时，应提高泥浆黏度，地下水位较高时，提高泥浆比重，必要时可添加重晶石粉。

采取以下措施减少泥浆污染：①浇筑混凝土时做好孔口保护工作，防止混凝土掉入槽内；②清孔应彻底，性能恶化的泥浆需全部置换；③导管活动时不能大起大落；④定期对导管进行水密性检测，杜绝使用破损导管；⑤地表冲洗用水、设备冲洗用水不能进入槽内。

3.5　钢筋笼加工及下设

1. 清孔换浆

槽段终孔验收合格和二期槽接头刷洗完毕后，立即进行清孔换浆。清孔换浆时，应同时向槽内补入新鲜浆液，控制槽内泥浆面不低于导墙面以下 30 cm。清孔验收合格标准：含砂量不大于 4%，密度不大于 1.2 g/cm^3，马氏漏斗黏度 32～50 s，孔底沉渣厚度不大于 10 cm。

采用特制接头刷子自上而下分段刷洗槽段端头，刷洗次数应在 3 遍以上。刷洗合格标准为接头刷子上基本不带泥屑，孔底淤积不再增加。

2. 钢筋笼加工

钢筋笼加工前，应根据设计配筋图编制钢筋下料表，按表下料。钢筋下料应遵循材料节约和满足设计要求并重的原则。桁架筋和拉筋应在专用模具上加工，保证每片桁架平直，高度一致，拉筋长度一致。钢筋笼制作及下设验收控制标准见表 3.5。

表 3.5　钢筋笼制作及下设验收控制标准

序　号	项　　目	验 收 标 准	检验方法
1	竖向主筋间距	允许偏差±10 mm	钢尺检测
2	水平筋间距	允许偏差±20 mm	钢尺检测
3	钢筋笼竖向长度	允许偏差±50 mm	钢尺检测
4	钢筋笼水平长度	允许偏差±20 mm	钢尺检测
5	主筋保护层	70 mm,允许偏差±20 mm	钢尺检测
6	预埋件	允许偏差±25 mm	钢尺检测
7	钢筋笼焊接	(1)焊接牢固,起吊和安放过程中不变形,不散架; (2)主筋与水平筋间隔点焊; (3)主筋与钢筋桁架全部点焊	肉眼观测
8	安装	平稳下放,不出现沉阻现象	肉眼观测

先放置下层水平筋,并依次与下层主筋焊接,放置下层定位块;完毕后焊接桁架筋和上层主筋;最后放置上层定位块、预埋件。加工制作中应注意钢筋笼靠基坑内侧和靠基坑外侧,一般靠基坑外侧作为下层筋,以方便内侧预埋件安装。钢筋笼的竖向主筋一般采用直螺纹套筒连接、挤压套筒连接、对焊连接,不得采用电渣压力焊连接。

竖向主筋与水平筋之间可间隔点焊,间隔点焊数不少于总交叉点数的 50%。钢筋桁架与钢筋笼交点应全部点焊,竖向钢筋桁架应均匀分布。定位块竖向间距 3～5 m,每层设 2～3 块。接头位置应相互错开,50*d* 范围内接头率不超过 50%。

钢筋笼下端 50 cm 内宜按 1∶10 收拢,以防吊放钢筋笼时擦伤槽壁,造成坍塌。钢筋笼加工时,必须预留导管下设位置,在未预留导管的笼内,为了保证钢筋笼下设稳定性,可增设“X”型拉筋。对“┐”型、“┬”型及“Z”型等异形钢筋笼,在其内侧纵向每隔 2 m 加 2 道水平斜拉筋,入槽时割除。

钢筋接驳器预埋件必须在仔细核对其位置和结构形式后牢固焊接。根据设计图纸提供的间距、规格、主体结构各支板的标高、每幅地连墙的宽度，计算每幅地连墙中每一层结构板对应位置接驳器预埋件的数量。钢筋接驳器预埋件安装在靠基坑内侧面上，接驳器的中心与设计结构板钢筋在同一标高上。钢筋接驳器预埋钢筋与地下连续墙靠基坑外侧水平钢筋焊接固定，焊点不得少于 2 处，每处焊缝长度不小于 10d。钢筋笼加工结束后，应将钢筋接驳器的封堵端盖拧紧。

接头工字钢与水平筋双面焊接，焊接长度不少于 5d。焊接点数与工字钢和水平筋交叉点数一致。工字钢与钢筋笼外侧连接 0.5～1 mm 厚铁皮，铁皮宽度不少于 50 cm，长度与钢筋笼一致。根据计算设置吊点，吊点焊接必须牢固。吊点位置至少上下 3 道水平筋与主筋全部点焊，吊点位置水平筋应加强。

3. 钢筋笼下设

钢筋笼吊装如图 3.5 所示，钢筋笼下设注意事项如下：

图 3.5　钢筋笼吊装

(1)钢筋笼应平稳起吊,2 台吊车水平抬起离地距离不得超过 30 cm,观察吊点的可靠性及钢筋笼的平衡情况。确认钢筋笼无异样后继续水平抬高一定距离,主吊缓慢提升,辅吊配合起吊,钢筋笼重心及重量逐步向主吊转移。辅吊通过滑轮组保持各吊点的平衡,直至钢筋笼竖起后,其重量全部转移到主吊上。起吊时不得操之过急。

(2)钢筋笼起吊前,在下部两端系上拽引绳,钢筋笼起吊过程中,由人力配合拽引,防止起吊过程中钢筋笼抖动。钢筋笼水平运输过程中,禁止在地面拖引,以免钢筋笼变形。

(3)钢筋笼的靠基坑内侧面和靠基坑外侧面朝向应正确,严禁反放。

(4)钢筋笼应在对正位置后平稳入槽,如遇障碍物应重新吊起,查明原因清除障碍物后重新下设。不得强行入槽,不得用重物压沉入槽,不得利用重力冲放。

(5)钢筋笼下设完毕,应测量主筋标高,并据此确保预埋件位置符合设计要求。

(6)钢筋笼入槽至混凝土浇筑总停置时间不应超过 6 h。

(7)钢筋笼应按设计要求整节吊装入槽,必须分节吊装时应制定详细的孔口对接方案,确保孔口顺利对接,必要时应进行地面试接。接头应布置在应力较小的部位,当采用搭接焊时,锚固长度比普通钢筋混凝土长 30%。

(8)钢筋笼运输及下设过程中,必须考虑吊车及钢筋笼与周边建筑物、高压电缆及其他管线的安全距离。钢筋笼起吊作业遵守《建筑机械使用安全技术规程》(JGJ 33—2012)及有关规程规范的规定。

(9)如果钢筋笼不能顺利插入槽内,应该重新吊出,查明原因加以解决,待修槽之后再吊放。不能强行入槽,否则会引起钢筋笼变形或使槽壁坍塌,产生大量沉渣。

3.6　地连墙接头施工

地连墙接头是地连墙薄弱环节，应满足受力和防渗两方面要求，且应施工简便、质量可靠，并对后续槽的开挖不会造成困难。常用的有接头管接头、工字钢板/十字钢板/V形板接头、铣接头三类。

1. 接头管接头

接头管接头是在先序槽孔浇筑混凝土前将专用的接头管置于槽孔的两端，然后浇筑混凝土，待混凝土初凝后，用专用的拔管机将接头管拔出，从而在先序墙段的两端形成光滑的半圆柱面和便利后序槽孔施工的导孔，后序槽孔施工完成后，即在此形成一个接缝面。如果后序槽孔混凝土浇筑质量良好，所形成的接缝很密实，缝宽可以控制在1 mm以下。

接头管接头的优点是接头刷洗方便，易清除先序槽段接头泥皮，后序槽段下放钢筋笼方便。其缺点是：①施工工艺较为复杂，特别是在深度较大的情况下；②接头刚度差，整体性差，抗剪能力差，受力后易变形；③接头呈光滑圆弧面，无折点，易产生接头渗水；④接头管拔除时间需通过试验验证，否则极易产生“埋管”或“坍槽”事故。

2. 工字钢板接头、十字钢板接头和V形板接头

工字钢板接头、十字钢板接头和V形板接头属于地下连续墙施工中常用的3种接头，能有效传递基坑外土水压力和竖向力，整体性好，在受力及防水方面均有较大安全性。其中工字钢板接头应用最为普遍。工字钢板接头的特点有：①工字钢板接头与钢筋骨架相连接，钢筋笼的强度提高，也增强了墙身刚度和整体性；②工字钢板接头存在槽内，既可挡住混凝土外流，又起到止水作用，大大减少了墙身在接头处的渗漏机会；③接头处的夹泥比半圆弧接头更容易刷洗，不影响接头的质量。

使用工字钢板接头时，后序槽常用接头箱、泡沫板和编织袋装土回填。接头箱是在钢筋笼安装完毕，在工字钢板外侧下设，混凝土浇

筑完毕后直接用拔管机或吊车起拔。泡沫板是绑扎在工字钢外侧，随钢筋笼一同下设入槽，后序槽施工时直接破碎或抓取泡沫成槽。编织袋装土可在浇筑混凝土的同时进行填筑，但必须确保编织袋装土填筑面始终高于混凝土面 2～3 m。

3. 铣接头

铣接头是利用铣槽机直接铣削已成槽段的混凝土，从而形成止水良好、致密的地下连续墙接头。铣接头的特点：①采用双轮铣施工，不需要其他配套设备，如吊车、接头管等；②可节省钢板等材料费用，同时钢筋笼重量减轻，有利于降低施工成本；③接头性能良好。

要确保接头质量，两边先序槽段混凝土龄期不能相差过大，否则铣刀将向一侧偏斜，从而导致漏铣，形成渗漏通道，而且影响后序槽段钢筋笼下设。

3.7 水下混凝土浇筑

1. 导管下设

混凝土浇筑导管采用快速丝扣连接的 A250～A300 钢管，其内壁应光滑、圆顺，壁厚不小于 3 mm，接口严密，导管接头设有悬挂设施并装配 O 形橡胶密封圈，保证导管接头处不发生水泥浆渗漏。导管使用前应做调直检查、压水试验、圆度检验、磨损度检验和焊接检验。检查导管是否漏气、漏水、变形，接头连接是否牢固可靠，试水压力 0.6～1.0 MPa。导管组装后，轴线偏差不超过 10 cm。检验合格的导管做上醒目的标识；不合格的导管不予使用。

导管下设前根据孔深要求配管，导管顶部应视情况配备 0.5 m、0.8 m、1.0 m 的短管。底管长度不宜小于 3 m。下设时，按配管顺序对准钢筋笼中心依次慢慢下放，防止碰撞钢筋笼。各管节间连接安放 O 形密封圈，螺扣连接紧密。每个槽段布设 2～3 套导管，导管安装应满足如下要求：导管间距不大于 3.0 m，管距槽孔端头间距不大于 1.5 m。

导管井架采用型钢制作，井架放置在导墙上。导管全部下入孔内后，应放到孔底，以便核对导管长度及孔深，然后提起 15～25 cm。当导管放置在井架上，底口距孔底距离超过 50 cm 时，应在顶端设置短管，短管数量不足等原因无法补齐时，应在开浇时提起导管，下放到底口离孔底 15～25 cm 的位置后开浇。

导管顶端的混凝土储料斗，其高度要便于混凝土卸料，其容积要足以保证卸料时混凝土不会溢出，且满足首批混凝土连续浇筑的要求。

2. 开浇阶段质量控制

开浇前必须再次检查沉渣厚度是否满足技术要求，如不满足要求，应进行二次清孔。槽孔口必须设置盖板，避免混凝土由导管外撒落槽孔内，影响浇筑质量和污染泥浆。

采用压球满管法开浇，即导管内先放入隔离球，然后通过溜槽将混凝土流入导管内，混凝土压着隔离球下沉到孔底，使混凝土与泥浆隔离开来，待隔离球脱离导管底部，导管内混凝土流入槽孔埋住导管底口，此阶段要求保证混凝土的供应强度，导管底部一次埋入混凝土面 1.0 m 左右，防止导管内进浆、混浆。当储料斗内的混凝土量已满足初浇要求时，拔出储料斗内入口上方的盖板，使浇筑连续进行。

3. 浇筑阶段质量控制

(1)混凝土浇筑应连续进行，不得中断，遇特殊情况必须中断时，中断时间不超过 30 min。若中断时间超过 30 min，应考虑采取补救措施。

(2)混凝土面上升速度控制在 2 m/h 以上。

(3)导管埋深 1.5～3 m，防止将导管拔出混凝土面或铸管。

(4)每 30 min 测定一次孔内混凝土面的位置(至少 3 个测点)，每 2 h 测定一次导管内混凝土面，在开浇和结尾时适当增加测量次数。及时对浇筑数据进行分析，当浇筑方量与混凝土顶面位置不相符时，应及时分析原因，找出问题所在，及时处理。

(5)槽孔内混凝土面应均匀上升，其高差控制在 0.5 m 以内。

在浇筑过程中，当导管内混凝土不满，含有空气时，后续混凝土要徐徐灌入，不宜整斗地灌入漏斗和导管。

(6)浇筑过程中如需活动导管，应控制活动幅度不超过 20 cm，以防止导管拔出混凝土面。导管不能做横向运动，以防泥浆混入混凝土中。

4. 终浇阶段质量控制

终浇阶段由于导管内外的压力差减少，浇筑速度也会下降，可适当提升导管，及时清除槽口混浆。必要时要“喂料”，或采取措施减少管外泥浆的压力。墙段混凝土浇筑标高比设计墙顶标高高出 0.5 m，以保证顶部混凝土的强度。在拔除底管时，拔管速度要慢，防止墙顶沉淀的泥浆挤入导管下，形成泥心。

3.8 墙趾注浆

墙趾注浆要求如下：

(1)注浆作业在槽段混凝土灌注完毕，地下连续墙混凝土强度大于 70%设计强度时方可进行。

(2)注浆材料采用 42.5 级普通硅酸盐水泥。浆液水灰比为 0.5～0.6，配制水泥浆液时先在搅拌机内加足水量，然后边搅拌边加入水泥，搅拌时间不少于 3 min，浆液中不得混有水泥结石、水泥袋等杂物。配置好的水泥浆液应测定比重，合格后方可使用，每班对水泥浆液检测不少于 4 次，严禁不合格浆液灌入槽段内。

(3)注浆压力必须大于注浆深度处的土层压力，一般控制在 0.4～0.6 MPa，终止压力控制在 2.5 MPa 以内，注浆流量控制在 15～20 L/min，单管注浆水泥用量为 2 000 kg。

第4章　深厚基岩快速成槽技术

4.1 概　　述

深圳地铁7号线皇岗村站地连墙入中风化岩最厚8.4 m,微风化岩最厚10.2 m,中微风化岩占成槽总量的22%,东端头槽段中微风化岩占整个槽段成槽方量的45%～55%,岩面倾斜度较大,局部达45°。

福民站平均入岩8.63 m,微风化平均抗压强度70 MPa,最大为132 MPa,是全线基岩最坚硬的的车站,入岩成槽量约占总量的1/3。

华强北4区、5区中微风化岩层最厚12.55 m,岩面斜度最大约45°,基岩强度129 MPa。

黄木岗站基岩总量为成槽总量的52%。

本项目地连墙基岩成槽具有以下特点:

(1)岩层厚,中、微风化岩最厚13.9 m,微风化岩最厚10.3 m。

(2)基岩强度高,微风化最大抗压强度值132 MPa,不能采用抓斗成槽。

(3)有大倾角斜岩,最大倾角达到45°。

对于强度较高的基岩,通常采取的地连墙成槽方法有:一是潜孔锤预钻孔,然后采用冲击钻冲砸;二是直接利用锤头冲砸;三是旋挖钻机施工;四是预爆破。本课题对不同的沉槽方法进行了现场试验研究。

4.2　潜孔锤预钻孔工艺研究

4.2.1　潜孔锤预钻孔原理

潜孔锤是以压缩空气为动力的一种风动冲击工具，它所产生的冲击功率和冲击频率可以直接传给钻头，然后再通过钻机和钻杆的回转驱动，形成对岩石的脉动破碎能力，同时利用潜孔锤排出的压缩空气，将破碎后的岩石颗粒排出孔位，形成钻孔。潜孔锤预钻孔施工如图 4.2－1 所示。

使用潜孔锤预钻孔，使槽段底部基岩呈“蜂窝”状，形成局部临空面，然后继续采用冲击钻机钻进成槽，以达到提高冲击钻机工效的目的。

图 4.2－1　潜孔锤预钻孔施工

4.2.2　设备和人力配置

1. 设备配置

每个潜孔锤机组需配置一台履带式桩机和一台空压机。本项目使用的 JBL60 电动履带式桩机和 VOLVO 空压机性能参数分别见

表4.2-1、表4.2-2。

2. 劳力配置

每个潜孔锤预钻孔机组需打桩工6名，辅助工2名。

表4.2-1　JBL60电动履带式桩机性能参数

序　号	项　目		参　数
1	行走方式		电动履带式
2	立柱支撑方式		三点支撑
3	回转角度(°)		±180
4	立柱标准高度(m)		30.5
5	许用拔桩力(kN)		400
6	整机尺寸(长×宽×高)(m)		12×5.5×32.6
7	履带接地(长度×跨度)(m)		4×5.5
8	履带板宽(mm)		800
9	立柱可调范围		前倾5°/后倾3°
10	桩架爬坡能力		4°(上下基坑时拆去立柱)
11	立柱导向中心距(mm)		600×ϕ102/330×ϕ70
12	长螺旋钻孔机	最大钻孔直径(mm)	800
		最大钻孔深度(m)	25
13	卷扬机	主提升速度(m/min)	2.0/2.6/3.2
14	行走机构	行走速度(km/h)	0.25
15	回转机构	回转速度(r/min)	0.37
16	斜撑机构	调整线速度(m/min)	0.8
17	液压系统	额定压力(MPa)	16
18	接地比压(不带工作装置)	支腿(MPa)	0.38
		履带轨道(MPa)	0.07
19	整机总重(t)		58

表 4.2－2　VOLVO 空压机性能参数

序　号	项　　目	参　　数
1	排气量(m^3/min)	30
2	排气压力(MPa)	24
3	功率(kW)	394(2 100 r/min)
4	外形尺寸($L \times W \times H$)(mm)	3 260×1 730×2 480
5	重量(kg)	3 600

4.2.3　工艺流程

潜孔锤预钻孔施工完毕，仍需要冲击钻机继续施工，直至成槽满足设计要求。潜孔锤预钻孔施工工艺流程如图 4.2－2 所示。

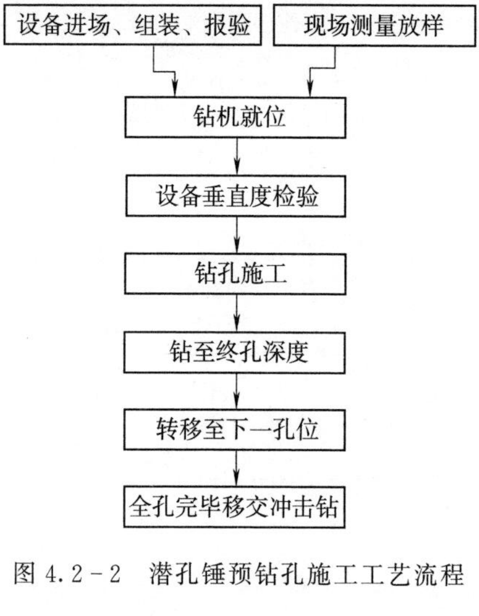

图 4.2－2　潜孔锤预钻孔施工工艺流程

4.2.4　施工工艺

1. 孔位布置

预钻孔的孔位应根据基岩强度和厚度综合确定，基岩越厚，强度越高，基岩越完整，则预钻孔越密。选择皇岗村站N37号地连墙进行成孔试验，该槽段地质剖面如图4.2-3所示。在该槽段布置2排预钻孔，孔径110 mm，孔距0.65 m，排距0.5 m，梅花形布置，其终孔深度均为25.9 m，如图4.2-4所示。

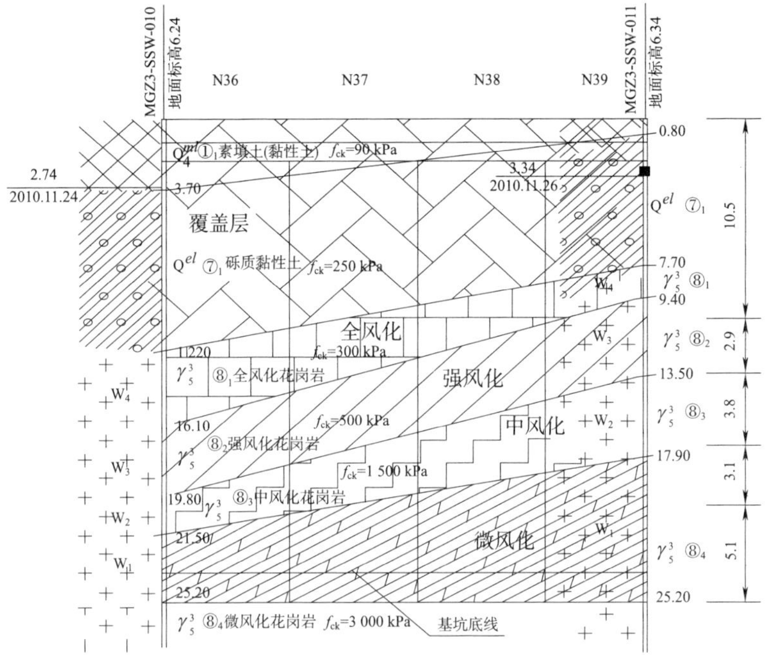

图4.2-3 N37号地连墙地质剖面图(单位:m)

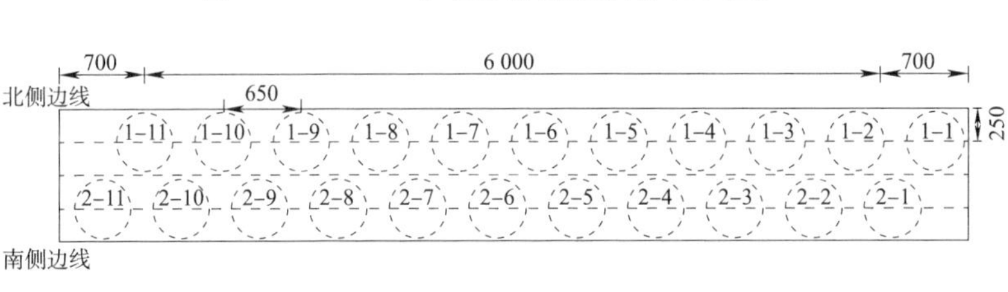

图4.2-4 N37号地连墙预钻孔孔位布置图(单位:mm)

2. 施工放样

(1)施工放样要认真校核放样控制点,并设置固定水准点,认真保护控制点位,防止点位受损或者其他原因引起的精度下降。

(2)放样测量仪器应通过检验单位鉴定,并在有效期限内使用。测量采用双测制,并经过监理或者业主复检验收。

(3)施工区内设置若干不受影响的水准点,以便控制标高。

(4)根据布置的桩位图,按照施工顺序逐一编号,放样桩位误差不大于 10 mm。

3. 潜孔锤就位

根据现场放线移动钻机,使钻杆头对准孔位中心。同时为保证钻机达到设计要求的垂直度,钻机就位后必须作水平校正,使其钻杆轴线垂直对准钻孔中心位置,保证钻孔的偏斜率不超过 1%。在校直纠偏检查中,利用垂球(水平尺)从垂直两个方向进行检查,严格按已定桩位进行成孔,平面位置偏差不得大于 50 mm。

4. 冲钻成孔

先启动空气压缩机,当气压达到 12 MPa 时,潜孔锤形成随旋转振动,开动钻机内外动力头进行冲钻。为防止偏孔,开孔时采取慢速冲击。

(1)冲击时采取匀速钻机,遇阻力大时潜孔锤向上提升 0.3～0.5 m,再次旋转振动冲击进尺,孔深钻至 5 m 时,提升螺旋杆排出钻渣一次,钻至 10 m 时进行第二次出渣,依次类推,孔深达到设计深度后,采用空压机气压达到 12 MPa 压力清孔 2～3 min,提升螺旋杆排出钻渣。

(2)钻孔达到设计深度时,潜孔锤孔底通过气压清孔 2～3 min,沉渣随螺旋杆排出,经检测,沉渣厚度不大于 50 mm。在钻机潜孔锤头端部设有排渣通道,凿除的渣可利用压力风为介质,由排渣通道排到螺旋杆上,然后将螺旋杆提升,沉渣即可排出孔外。

4.2.5 工效对比

潜孔锤预钻孔施工工效见表4.2-3,平均钻孔工效15.19 m/台时,在微风化花岗岩中钻孔工效为7.77 m/台时,采用潜孔锤预钻孔后冲击钻工效对比情况见表4.2-4。

表4.2-3 潜孔锤施工工效表

地层	进尺(m)	工时耗用(台时)					工效	
		生产			停等	合计	纯钻(m/台时)	平均(m/台时)
		直接	辅助	小计				
覆盖层	239.0	6.6	0	6.6	0	6.6	36.21	36.21
全风化	66.7	4.1	0	4.1	0	4.1	16.27	16.27
强风化	84.9	5.1	0	5.1	0	5.1	16.65	16.65
中风化	64.8	5.2	0.6	5.8	1.2	7	12.46	9.26
微风化	114.2	11	2.6	13.6	1.1	14.7	10.38	7.77
综合	569.6	32	3.2	35.2	2.3	37.5	17.8	15.19

表4.2-4 采取预钻措施前后冲击钻工效对比表

地层	冲孔钻机功效(m/h)		预钻孔提高
	预钻前	预钻后	
覆盖层	1.8	2	11.11%
全风化	1.8	2	11.11%
强风化	0.53	0.58	9.43%
中风化	0.3	0.38	26.67%
微风化	0.15	0.26	73.33%

由表4.2-4可以看出:采用潜孔锤预钻孔,对于提高冲击钻工效的效果明显,特别是在中风化岩中达到了26.67%,在微风化岩中更是达到了73.33%。采用潜孔锤预钻孔后,冲击钻钻孔的工效在

中风化岩中达到了每天 9.12 m，在微风化岩中每天为 6.24 m，速度满足了施工进度的要求。

潜孔锤预钻的主要优点：可以适量提高冲孔钻机的施工工效，加快成槽速度；潜孔锤采用风动方式，无需泥浆造孔，减少了泥浆制作、废浆外运等成本。其主要缺点：空压机油料消耗大，正常工作状态下每小时耗油达 70 L，施工成本过高；潜孔锤钻孔垂直度极难保证，致使冲击钻成槽时垂直度难以控制，反而增加了修孔时间；施工设备体积庞大，在城市轨道交通施工中，场地往往受到限制，给现场平面布置和交通带来很大压力。

4.3 成槽机施工工艺研究

4.3.1 成槽机基岩施工特点

成槽机分为液压成槽机和钢丝绳成槽机，两者均可以用于基岩施工，但对地层的适应性差别很大。

液压成槽机适用于标贯度 $N \leqslant 40$ 的地层，因此可用于全风化及部分强风化花岗岩层、强风化泥质岩层等软岩的施工。当地层标贯度 $N > 40$ 时，液压成槽机的工效极低。

当配备斗体时，钢丝绳成槽机和液压成槽机对地层的适应性差别不大。钢丝绳成槽机的优点在于可以配备重锤，当斗体成槽工效较低时，先用重锤冲击，基岩破碎后再换斗体施工。每台抓斗需配备操作手 4 名，辅助工人 2 名。

4.3.2 施工工艺

钢丝绳成槽机施工工艺流程如图 4.3－1 所示，液压成槽机施工工艺流程如图 4.3－2 所示。

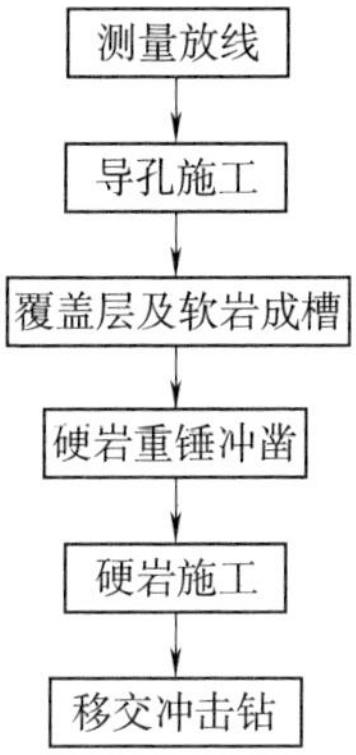

图 4.3-1 钢丝绳成槽机施工工艺流程

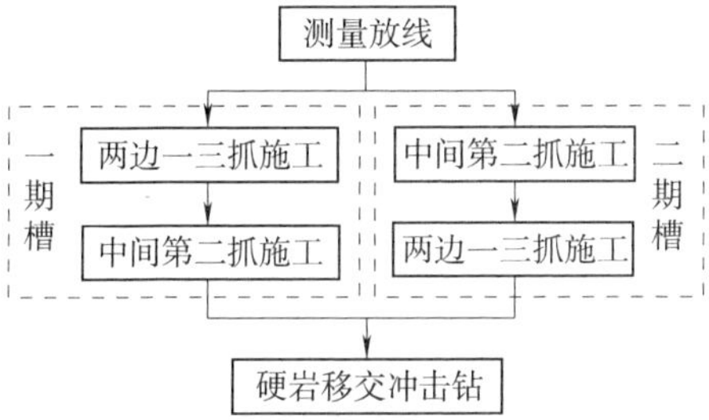

图 4.3-2 液压成槽机施工工艺流程

1. 导孔施工

由于钢丝绳成槽机完全靠斗体的导向板和重力作用来保证孔斜,易出现偏斜,因此一般采用“二钻一抓法”(图 4.3-3)施工,即用冲击钻钻凿两边主孔,成槽机抓取中间副孔。液压成槽机除导向板外,一般还安装有纠偏板,具备良好的纠偏性能,因此不需要钻打导孔。导孔垂直度直接影响成槽机施工垂直度,因此必须确保导孔垂直度满足设计要求。钻机每钻进 1~2 m 要进行一次测斜,发现孔斜超标,须立即纠正。接近不同地层交界处、软硬地层交界处时应特别留意,并适当降低钻进速度,防止地层变化引起偏斜、卡钻。

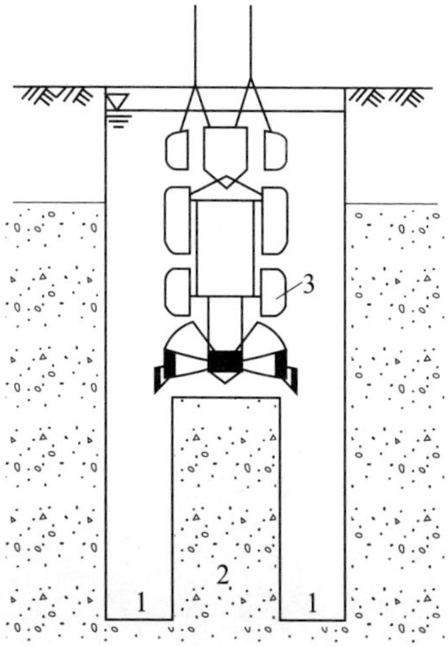

图 4.3-3 二钻一抓成槽工艺示意图

1—冲击钻机钻凿主孔;2—成槽机抓取中间副孔;3—成槽机

2. 覆盖层及软岩施工

上部覆盖层及软岩层可采用液压成槽机直接抓取成槽,或采用钢丝绳成槽机"二钻一抓法"成槽。

3. 硬岩重锤冲凿及成槽

当钢丝绳成槽机施工工效明显降低时,用重锤替代斗体,冲凿基岩。冲凿分二序进行,一序孔间隔 1～1.5 m,二序孔在两个一序孔中间。冲凿完毕后,换用斗体抓取成槽。如此反复,直到终孔。强度 60 MPa 以下的基岩,钢丝绳成槽机配合重锤,一般可以施工至终孔。当基岩强度较高,冲凿不能达到满意的效果时,须移交冲击钻机班组进行施工。移交前,保证槽内孔深基本一致。

4.3.3 工效对比

液压成槽机工效见表 4.3-1,钢丝绳成槽机工效见表 4.3-2。比较两表可以看出,液压成槽机工效普遍高于钢丝绳成槽机。无论采用钢丝绳成槽机还是液压成槽机，"二钻一抓"的工效高于纯抓施工工效。

表 4.3-1　液压成槽机施工工效统计表

工　点	槽段号	地　层	厚度(m)	工效(m^3/d)	备　注
黄木岗站	ISW8	覆盖层	21.9	103.9	纯抓施工
		强风化	11.48	53.5	纯抓施工
	ISW9	覆盖层	21.44	99.4	纯抓施工
		强风化	11.96	73.2	纯抓施工
	IIE4	覆盖层	27.12	168.9	纯抓施工
	IIW2	覆盖层	21.71	150.5	纯抓施工
		强风化	10.72	120.9	纯抓施工
	ISW10	覆盖层	20.97	218.6	二钻一抓
		强风化	12.14	97.2	二钻一抓
	IIW15	覆盖层	23.7	207.4	二钻一抓
		强风化	7.78	34.6	二钻一抓
华强北 5 区、6 区	WD59	覆盖层	16.09	124.1	纯抓施工
		强风化	10.75	103.9	纯抓施工
	WD68	覆盖层	25.31	152.6	纯抓施工
		强风化	11.52	95.3	纯抓施工
	WD138	覆盖层	15.06	203.2	二钻一抓
		强风化	17.01	148.5	二钻一抓
	WD147	覆盖层	20.81	336	二钻一抓
		强风化	3.94	117.6	二钻一抓
	WD128	覆盖层	22.34	203.2	二钻一抓
		强风化	6.91	131.6	二钻一抓

续上表

工　点	槽段号	地　层	厚度(m)	工效(m^3/d)	备　注
华新站4区	WD156	覆盖层	29.2	96	二钻一抓
		强风化	5.4	67.2	二钻一抓
	WD92	覆盖层	20.47	59.0	二钻一抓
		强风化	6.71	42.9	二钻一抓
	WD26	覆盖层	17.98	32.6	二钻一抓
		强风化	5.96	25.6	二钻一抓
	WD94	覆盖层	16.05	69.1	二钻一抓
		强风化	8.63	64.1	二钻一抓
	WD87	覆盖层	24.18	51.4	二钻一抓
		强风化	12.97	27.8	二钻一抓
福民站	NW16	覆盖层	21.5	106.9	冲抓结合
	NW47	覆盖层	25.2	102.7	冲抓结合
	EW04	覆盖层	22.6	80.5	冲抓结合
	SW32	覆盖层	23.2	78.4	冲抓结合
	SW24	覆盖层	22.7	85.8	冲抓结合

表 4.3-2　钢丝绳成槽机工效统计表

工　点	槽段号	地　层	厚度(m)	工效(m^3/d)	备　注
华新站4区	WD81	覆盖层	28.62	132.3	斗体纯抓
		强风化	5.18	26.4	斗体纯抓
	WD82	覆盖层	27.95	138.9	两钻一抓
		强风化	6.73	69.6	两钻一抓
	WD84	覆盖层	26.55	180.4	两钻一抓
		强风化	10.52	61.6	两钻一抓
	WD153	覆盖层	29.58	126.9	两钻一抓
		强风化	11.1	67.9	两钻一抓
	WD20	覆盖层	22.67	30.2	斗体纯抓
		强风化	8.17	38.4	斗体纯抓

4.4 冲击钻施工工艺研究

4.4.1 冲击钻设备种类

地下连续墙岩层中钻孔主要采用冲击钻机，其主要机具设备大致分为三类：第一类为冲击钻孔整套设备，本身配有钻架、起吊及冲击等设备，俗称乌卡斯冲击钻，代表性的是CZ系列钻机，我国早期绝大多数防渗墙均采用此类钻机；第二类为由带有离合器的双筒卷扬机组成的简易冲击钻具，俗称手把钻、手拉式冲击钻、冲孔桩机等，其钻架由简易杆件组成，代表性的是JK、JKL系列钻机；第三类是冲击式反循环钻机，其破碎岩层的原理与冲击钻一致，只是在钻头上设置了排渣管，用砂石泵通过排渣管自孔底抽出含钻渣的泥浆。

4.4.2 冲击钻成槽工艺

地下连续墙硬岩成槽一般采用冲击钻机钻劈法冲孔成槽，配以十字钻头重凿钻进，泵压正循环法出渣，工艺流程如图4.4－1所示。

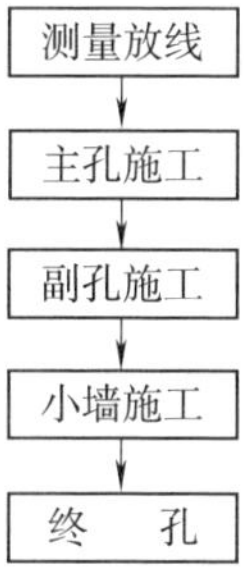

图4.4－1　冲击钻成槽施工工艺流程

1. 孔位布置

地连墙标准槽幅宽6 m，根据工字钢接头下放需要将端孔外放后，成槽宽度7.1 m，按4个主孔、3个副孔进行布孔，主孔中心距

2.1 m，副孔中心距 2 m，主、副孔间距 1.05 m，孔位布置如图 4.4－2 所示。

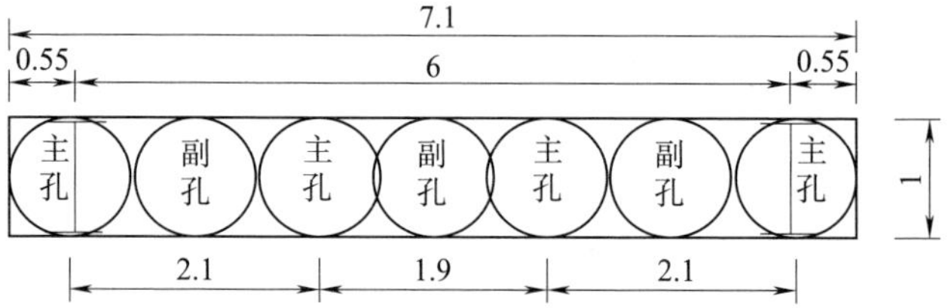

图 4.4－2　标准 6 m 槽段孔位划分示意图（单位：m）

对于幅宽 4 m 槽段，根据工字钢接头下放需要将端孔外放后，成槽幅宽 5.1 m，一般按 3 个主孔、2 个副孔进行布孔，主孔中心距 2.05 m，副孔中心距 2.05 m，主、副孔间距 1.025 m，如图 4.4－3 所示。每幅槽段的孔位划分根据实际成槽幅宽调整副孔宽度，原则上按 0.8～1.3 m 控制。地连墙的拐角处，为保证钢筋笼顺利下设到位，选择一个方向向外侧扩出半个孔位，如图 4.4－4 所示。

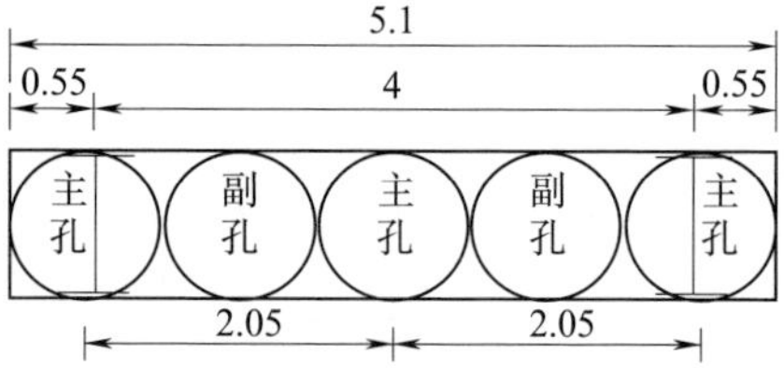

图 4.4－3　标准 4 m 槽段孔位划分示意图（单位：m）

2. 主孔施工

主孔采用钻凿法施工，按照划分好的孔位采用吊锤法进行钻机就位，先把钻机天轮下放一个吊锤，调整好钻机位置后再安放钻头。一般配备重 4 t 左右的平底钻，钻头底面采用硬质合金块焊成，通过卷扬机提升钻头到一定的高度，利用钻头的自由落体作用对孔底岩层进行冲击破碎。

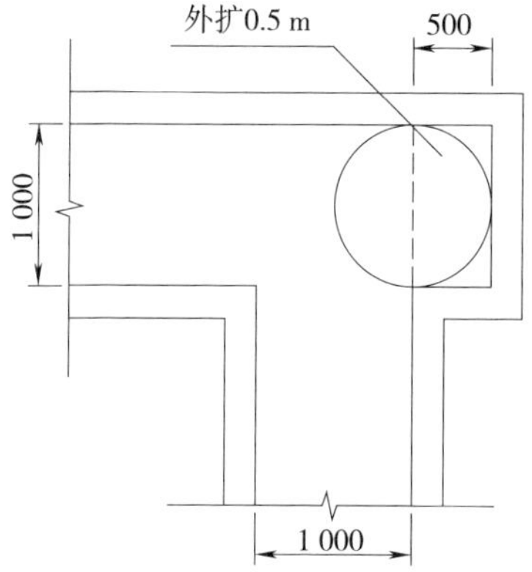

图 4.4-4　拐角部位外扩布孔示意图(单位:mm)

破碎后的石渣由泥浆进行悬浮并通过泥浆的循环携带出孔外。施工中应经常进行孔斜测量,入基岩后每 0.5 m 应测一次孔斜。如有较大偏孔,必须在偏孔位置将孔修正后再向下钻进。施工中孔斜测量采用重锤法。

3. 副孔施工

副孔采用钻劈法施工,因为副孔是在主孔施工完后施工,两边已经凿空,此时孔底呈"工"字形,由于冲击接触面积小,钻头在摆动的情况下钻进容易导致孔斜,可通过由人工控制冲击频率,使冲击锤稳定后再冲击。

4. 方钻平底

当主、副孔全部钻孔完毕后,换特制方钻头将剩余"岩墙"破碎,形成方槽。破碎时,以每两钻孔位中点作为中心下钻,以免偏锤。每个"岩墙"修孔完成后进行孔斜验收并保证上下活动钻头时无卡锤现象方能移机。

5. 钻进出渣

如果成槽冲孔过程中泥浆过浓,或者沉渣过厚,冲孔效率就会大为降低,而且容易偏孔,所以钻进过程出渣就显得非常必要。

施工过程中采用泵压正循环返浆法进行出渣,即用利用旁边槽段的空孔段作为小沉淀池，通过泥浆泵把沉淀处理或净化处理后的泥浆送入施工槽段的槽底，通过泵压的泥浆把槽底的沉渣顶出槽口，流入沉淀池内进行净化。通过循环由泥浆不断把槽内的沉渣携带到沉淀池内，适时清理沉淀池。

4.4.3　工效对比

手把式冲击钻机械化程度低，在施工坚硬花岗岩时进尺慢、用时长，工人容易疲惫，而且冲程由人工控制，冲程低时效率低，冲程高时孔斜难于控制。以 JKL-6 手把钻为例，施工时冲程控制在 2～3 m，每分钟锤击数 11～14 次。

采用 CZ-6 冲击钻施工时，可以固定冲程 0.8 m 左右，每分钟锤击数 35～38 次，也可以根据槽内情况与 JKL-6 手把钻一样，手动控制冲程和锤击数。但因为冲程短，对槽底沉渣厚度和泥浆的性能要求更高，施工过程必须经常注意出渣和调整浆液浓度。

JKL-6 手把钻与 CZ-6 冲击钻的性能对比见表 4.4－1。手把钻施工工效见表 4.4－2，冲击钻施工工效见表 4.4－3。手把钻与冲击钻工效对比见表 4.4－4。

表 4.4－1　手把钻与冲击钻性能对比表

设备类别	电机功率(kW)	锤击数(击/min)	冲程(m)	噪声(dB)	倾斜岩面孔斜控制
手把钻	45	13	2	80	不易控制
冲击钻	55	38	0.8	74	易控制

表 4.4－2　手把钻施工工效统计表

工　点	槽段号	地　层	厚度(m)	主孔工效(m/d)	副孔工效(m/d)
华新站 4 区	WD28	覆盖层	18.35	12.48	12
		强风化	4.82	4.8	8.4
		中风化	4.11	3.84	5.04
		微风化	1.46	4.56	4.8

续上表

工　点	槽段号	地　层	厚度(m)	主孔工效(m/d)	副孔工效(m/d)
华新站4区	WD99	覆盖层	15.95	18.48	14.4
		强风化	4.53	4.32	12
		中风化	8.33	13.92	14.4
	WD93	强风化	7.83	3.12	3.6
		中风化	2.17	2.88	5.04
		微风化	1.52	2.64	2.4
	WD12	覆盖层	24.62	25.68	35.28
		强风化	9.97	23.52	25.68
		中风化	0.9	14.4	24.24
华新站5区	WD123	强风化	6.46	5.28	6
		中风化	2.54	4.08	5.04
		微风化	0.37	2.16	2.88
	WD33	强风化	2.95	5.52	6.48
		中风化	2.15	2.64	3.84
		微风化	4.47	2.16	5.04
	WD38	强风化	5.36	1.44	1.92
		中风化	0.97	1.44	3.36
		微风化	2.99	1.68	2.16
	WD44	强风化	6.93	2.64	3.12
		中风化	2.24	1.44	5.28
		微风化	0.1	1.2	2.16
	WD37	强风化	4.96	4.56	6
		微风化	4.54	1.2	4.8
	WD42	强风化	3.95	2.4	2.64
		中风化	3.86	1.68	5.52

续上表

工　点	槽段号	地　层	厚度(m)	主孔工效(m/d)	副孔工效(m/d)
华新站5区	WD111	强风化	6.1	5.52	8.16
		中风化	1.85	2.88	3.6
		微风化	6.6	3.6	5.52
	WD117	强风化	5.5	4.08	5.52
		中风化	2.01	2.4	7.44
		微风化	2.92	2.88	3.12
	WD40	强风化	4.65	4.56	2.88
		中风化	2.69	3.36	7.68
		微风化	1.23	2.4	2.88
	WD47	强风化	10.37	6.24	13.92
		中风化	0.57	4.08	11.28
华新站6区	WD140	强风化	17.09	4.08	4.8
		中风化	3.84	1.92	3.12
	WD77a	强风化	1.55	5.28	7.92
		中风化	3.11	4.32	5.04

表 4.4-3　冲击钻施工工效统计表

工　点	槽段号	地　层	厚度(m)	主孔工效(m/d)	副孔工效(m/d)
华新站4区	WD17	覆盖层	25.9	18.72	19.92
		强风化	7.85	10.32	12.24
		中风化	1.22	5.52	6.96
	WD105	强风化	2.94	3.12	3.36
		中风化	3.29	1.2	9.6
		微风化	2.89	1.44	5.28
	WD101	覆盖层	20.6	10.8	13.44
		强风化	4.3	6.72	6.24
		中风化	4.88	2.4	6.48

续上表

工　点	槽段号	地　层	厚度(m)	主孔工效(m/d)	副孔工效(m/d)
华新站4区	WD155	覆盖层	24.5	12.24	18.24
		强风化	13.2	9.12	6
	WD2	覆盖层	28.4	48	78
		强风化	8.64	32.64	50.16
		中风化	1.58	18.24	22.32
	WD20	覆盖层	22.7	19.92	29.04
		强风化	8.17	9.12	11.28
		中风化	2.26	3.12	3.6
	WD100	强风化	4.8	5.28	7.68
		中风化	5.63	8.88	19.44
		微风化	2.17	4.08	4.56
华新站5区	WD116	强风化	5.05	4.56	3.6
		中风化	2.13	3.84	4.32
		微风化	3.53	2.6	2.88
	WD118	强风化	7.23	5.04	3.84
		中风化	2.48	3.36	7.92
		微风化	1.72	4.32	1.92
	WD110	强风化	5.61	6.48	8.64
		中风化	1.53	4.56	5.52
		微风化	7.4	3.12	2.16
	WD119	强风化	8.96	4.8	4.08
		中风化	2.61	5.52	9.6
		微风化	1.21	3.6	4.32
	WD126	强风化	6.06	6.72	11.52
		中风化	2.15	3.6	8.88

续上表

工　点	槽段号	地　层	厚度(m)	主孔工效(m/d)	副孔工效(m/d)
华新站6区	WD146	强风化	5.61	8.16	11.04
	WD46	强风化	9.92	6.48	8.4
		中风化	1.19	5.04	4.56
		微风化	0.83	1.68	4.56
	WD73	强风化	3.82	8.64	6.96
		中风化	4.45	4.08	4.8
		微风化	1.19	1.92	4.08

表 4.4-4　手把钻与冲击钻工效对比表

地质条件	手把钻平均工效(m/d)	冲击钻平均工效(m/d)	冲击钻提高百分比(%)
覆盖层	22.29	26.83	20.4
强风化花岗岩	6.67	8.69	30.3
中风化花岗岩	4.86	5.95	22.4
微风化花岗岩	2.65	3.36	26.8

总体上冲击钻钻孔比手把钻提高了 20%～30%，特别是在微风化花岗岩地层中，冲击钻钻孔比手把钻提高了 26.8%。但是，总体上冲击钻和手把钻在微风化花岗岩中钻孔的工效都比较低，每天钻孔深度仅为 2.65～3.36 m，需要采取引孔等其他措施来提高钻孔工效。

4.5　预爆破工艺研究

4.5.1　预爆破工艺

爆破是土石方开挖最有效的方法，本项目微风化基岩强度较高、成槽极其困难、工效极低，而且存在设备损耗大、维修成本高的缺点，对基岩进行预爆破无疑是提高成槽工效的一个方向。

地连墙基岩爆破属于水下爆破，由于水下爆破环境复杂，在爆破方法、爆破器材选用以及爆破效应等方面与一般陆地爆破相比都有许多不同特点。

深圳地铁7号线施工集中在商业区、居民区，周边交通复杂，建筑物密集，管线众多，普通的爆破方式不能满足周边建（构）筑物安全及周边管线安全的要求，需要采取控制爆破的方式对地连墙内基岩进行预处理，达到其他设备正常钻进即可。即通过地表垂直钻孔的方法对微风化花岗岩层进行钻孔，利用“预裂爆破＋挤压爆破”作用机理，科学布孔，合理利用爆炸能量对地下连续墙微风化岩石部分进行破裂、分割，为钻机高效钻进提供条件。

1. 预爆破基本要求

（1）必须采用控制爆破方式。

（2）槽段上存在电力管线、通信管线及燃气管线不允许爆破。

（3）爆破时装药量需根据要求计算好，保证周围建（构）筑物及周边管线的安全。

2. 炸药和爆破参数选择

（1）水下爆破必须考虑炸药的耐水性、耐水压力性能以及水中冲击波对炸药殉爆灵敏度的影响。

①吸水性很大的炸药，在水中使用时，炸药成分必然发生化学变化，降低爆破效果或拒爆，所以必须选择吸水性小的炸药，并采取严格的防水措施。

②炸药做功能力、爆速、猛度随水压增大或浸水而减小，所以应选择抗水性能较好的炸药，或者采取防压防水措施。

③水中爆破可以降低炸药的殉爆距离，为避免使设计好的分段爆破遭到破坏，防止不同炮孔间产生殉爆，需采用炮孔起爆药包。

根据以上要求，选择具有防水性能的2号岩石乳化炸药，药卷直径为60 mm。

（2）根据岩石性质、基岩强度，单位用药量选2.2 kg/m^3。

（3）覆盖层钻孔直径110 mm，基岩钻孔直径90 mm。钻孔深入设计孔深以下0.3 m。

(4)每次起爆沿轴线长度 3～6 m。

(5)为达到最佳爆破效果，沿轴线分 3 排布孔，梅花形布置，孔距 50 cm，边排孔中心线距地连墙边线 5 cm。炮孔和预裂孔间隔布置。

3. 装药、堵塞

采取间隔装药结构，中间间隔长度为 0.6 m，底部药卷采用双发电雷管反向起爆，上部药卷采用双发电雷管正向起爆，药卷之间采用双导爆索串联，间隔空隙利用 PVC 管进行填充。上部堵塞段从微风化岩面以上 1 m 位置开始堵塞，堵塞长度不小于 2 m，堵塞材料为粗砂及石屑。

4. 起爆网络

采取孔内分段的电起爆网络，各电雷管并联连接，双发电雷管同时起爆，以确保起爆网络安全。爆破使用专用电源，该电源上不接其他用电设备。

5. 安全防护措施

由于爆源在地面以下约 20～40 m 之间，爆破属于内部作用，为确保绝对安全，槽段上部采用“孔口压砂包＋钢板＋冲击锤”的防护措施，以防个别炮孔冲孔产生泥浆。安全警戒距离为以爆源为中心向外 50 m 范围。爆破过程中必须进行振动监测，并由具备资质专业队伍完成。

4.5.2 效果分析

(1)通过采取控制爆破技术处理地下连续墙微风化岩层，可以提高钻进工效，微风化基岩中钻进工效可以达到 5 m/d，与未进行预爆破相比提高了 48.81%～88.68%，效果明显。

(2)通过对周边建筑物进行振动监测，及时掌握爆破振动对周边建筑物的影响情况，根据振动数据及时指导爆破施工，确保了爆破施工安全。

(3)钻孔垂直度对爆破效果影响较大，一旦钻孔偏斜，反而导致后期冲击钻施工时孔斜超标，而且不易修正。

4.6　陡坡岩成槽技术

4.6.1　摩擦面式钻头研究

1. 常用钻头形式

钻头可分为十字钻头、空心钻头、圆钻头和角锥钻头等。在地连墙施工中常用十字钻头和空心钻头。空心钻头为厚壁大直径无缝钢管，头部堆焊成切割刃脚和翼翅，主要用于钻进黏土层、砂土层和壤土层等松软地层。十字钻头用于砂卵石层、风化岩层、卵石、漂石以及基岩等，钻头前端焊成齿牙式。

2. 摩擦面式钻头

通过前期施工的摸索发现，齿牙式十字钻头在坚硬花岗岩中施工时因钻头周圈的受力点仅在齿牙部位，导致摩擦面小，钻头容易磨损，钻头容易打裂、掉齿，孔斜不易保证，卡钻的情况较多。为此，提出了摩擦面式的圆钻，增加了钻头侧面的接触面，将钻头的着力点全部置于钻头底部，减小了侧面磨损，减少了钻头打裂、掉齿的情况，保证了孔斜的同时也减少了卡钻事故。改良前后的钻头分别如图 4.6－1、图 4.6－2 所示。

图 4.6－1　齿牙式钻头

图 4.6-2　摩擦面式钻头

4.6.2　防卡钻措施

由于在坚硬花岗岩地层中施工钻头磨损速度快，所以钻头供应和保证是进度的保障。在改良钻具形状的同时，在钻头补焊方面主要采取了以下措施：

(1)为每 2 台钻机配备至少 3 个钻头，便于轮换补焊。

(2)挑选技术好、有经验焊工，成立保焊班。

(3)钻头受力点采用合金块，补焊材料采用铸铁和 E50 系列焊条。

(4)通过总结形成标准化的焊钻头程序，重点找准钻头中心点。具体方法如下：根据钻头的四个腰棱(一般不易磨损)，选择两个比较标准的部位量出腰棱中心线，采用两点一线法延伸至钻头底部，以对角腰棱中线相连的交叉点作为钻头底部的中心。

不同钻具施工槽段卡钻情况统计见表 4.6-1。由表 4.6-1 可以看出，将钻头由齿牙式改为摩擦面式后，基本解决了基岩施工卡钻问题。

表 4.6-1 不同钻具施工槽段卡钻情况统计表

工 点	槽段号	中微风化基岩厚度(m)	钻头类型	卡 钻 情 况
福民站	NW16	4.63	齿牙式	3号主孔28.5 m处卡钻
福民站	NW09	1.3	齿牙式	无
福民站	NW14	3.73	齿牙式	2号副孔29.5 m处卡钻
福民站	NW10	1.78	齿牙式	无
福民站	NW15	4.22	齿牙式	2号副孔27 m处卡钻
福民站	NW11	2.24	齿牙式	2号副孔30.5 m处卡钻
福民站	NW17	4.55	齿牙式	无
福民站	NW20	1.86	齿牙式	无
福民站	NW18	1.84	齿牙式	无
福民站	NW22	1.75	齿牙式	4号副孔27.1 m处卡钻
福民站	SW39	3.63	摩擦式	无
福民站	SW41	4.15	摩擦式	无
福民站	SW33	1.95	摩擦式	无
福民站	SW35	3.67	摩擦式	无
福民站	SW06	2.1	摩擦式	无
福民站	SW10	3.23	摩擦式	无
福民站	SW01	2.81	摩擦式	无
福民站	NW46	4.22	摩擦式	无
福民站	SW02	2.61	摩擦式	3号主孔33 m处卡钻
黄木岗站	E1	1.8	十字钻	无
黄木岗站	E2	1.5	十字钻	无
黄木岗站	E3	1.5	方钻	卡钻(孔底−18.9 m)
黄木岗站	E4	1.5	十字钻	无
黄木岗站	E5	2.1	十字钻	无
黄木岗站	E6	1.5	十字钻	无
黄木岗站	E7	1.8	十字钻	无

续上表

工　点	槽段号	中微风化基岩厚度(m)	钻头类型	卡 钻 情 况
黄木岗站	E8	2.5	十字钻	无
黄木岗站	E9	3.2	十字钻	卡钻(标高－9.0 m)
黄木岗站	E10	2.9	十字钻	无
黄木岗站	E11	2.2	十字钻	卡钻(标高－9.2 m)
黄木岗站	E12	1.6	十字钻	无
黄木岗站	E13	1.6	十字钻	无
黄木岗站	E14	1.7	十字钻	无
黄木岗站	E15	1.5	十字钻	无
黄木岗站	E16	1.8	十字钻	卡钻(标高－13.0 m)
黄木岗站	E17	1.8	十字钻	无
黄木岗站	E18	1.8	十字钻	无
皇岗村站	N33	3.652	齿牙式	3 号主孔 23 m 处卡钻
皇岗村站	N38	6.249	齿牙式	1 号主孔 21 m 处卡钻
皇岗村站	N39	7.308	摩擦面式	无
皇岗村站	N40	7.824	摩擦面式	无
皇岗村站	N41	8.148	摩擦面式	无
皇岗村站	N42	8.470	摩擦面式	无
皇岗村站	N43	8.580	摩擦面式	无
皇岗村站	N44	8.676	摩擦面式	无
皇岗村站	N45	8.774	齿牙式	4 号副孔 24 m 处卡钻
皇岗村站	N45B	8.873	摩擦面式	无
皇岗村站	N46	8.873	摩擦面式	无
皇岗村站	N47	8.972	齿牙式	3 号主孔 22 m 处卡钻
皇岗村站	N48	9.055	齿牙式	5 号主孔 25 m 处卡钻
皇岗村站	N49	9.615	摩擦面式	无
皇岗村站	S36	9.117	摩擦面式	无

续上表

工　点	槽段号	中微风化基岩厚度(m)	钻头类型	卡 钻 情 况
皇岗村站	S37	9.918	摩擦面式	无
皇岗村站	S38	10.030	摩擦面式	无
皇岗村站	S39	10.227	摩擦面式	无
皇岗村站	S40	10.277	摩擦面式	无
皇岗村站	S41	9.812	摩擦面式	2 号幅孔 20 m 处卡钻
皇岗村站	S42	9.311	摩擦面式	无
皇岗村站	S43	8.793	摩擦面式	无
皇岗村站	S44	8.720	齿牙式	3 号主孔 22.5 m 处卡钻
皇岗村站	S45	8.718	摩擦面式	无
皇岗村站	S46	8.659	摩擦面式	无
皇岗村站	S47	8.025	齿牙式	1 号主孔 20 m 处卡钻
皇岗村站	S48	7.399	摩擦面式	无
皇岗村站	S49	7.026	摩擦面式	无
皇岗村站	E1	7.421	摩擦面式	无
皇岗村站	E2	7.421	摩擦面式	无
皇岗村站	E3	6.921	摩擦面式	无

4.6.3　大倾角陡坡岩门型导向框架技术

皇岗村站东端头和华强北 4 区、5 区岩面倾角最大达到 45°，如此大倾角陡坡岩，钻机施工时极易产生偏斜，成槽过程中的墙体垂直度不易保证，并易出现卡钻事故，导致钢筋笼下设困难、墙段不能有效搭接、降低成槽工效、增加施工噪声及增加施工成本等，因此必须采取特殊工艺。

陡坡岩施工的难点是钻头在斜面上受力不均，导致钻孔偏斜。经研究和摸索，采取门型导向框架技术：

(1)确保覆盖层钻孔孔斜符合设计要求，每钻进 3～5 m 测量一次孔斜，软岩层每钻进 1～3 m 测量一次孔斜，发现偏斜，及时修正。当钻凿主孔接近或已达到倾斜基岩面时，提升钻头。

(2)安装简易修孔定位架，如图 4.6－3 所示。定位架的作用是当钻头倾斜时引导钻头向岩面较高部位施工。

(3)采用有固定短冲程的冲击钻机施工，冲程一般为 0.5～0.8 m，冲击频率每分钟不超过 25 次。

(4)改良钻头，由齿牙式改为摩擦面式，减少卡钻事故。

(5)当将陡坡岩施工至基本在一个平面上时，恢复正常施工。

图 4.6－3　门型导向框架

皇岗村站及华新站南端 4 区、5 区陡坡岩施工情况见表 4.6－2。

表 4.6－2　陡坡岩成槽工艺效果统计表

工　点	槽段号	陡坡岩特性	施工工艺	施工效果
华新站 4 区	WD94	中风化基岩埋深 24.4～26.8 m，倾角约 35°；微风化基岩埋深 26.8～29.5 m，倾角约 45°	采用孔口定位架，固定短冲程钻机，十字钻钻头	未产生孔斜，工效 1.3 m^3/d
	WD97	中风化基岩埋深 16.8～19.9 m，倾角约 40°；微风化基岩埋深 19.9～28.6 m，倾角约 45°	采用孔口定位架，固定短冲程钻机，十字钻钻头	未产生孔斜，工效 1.2 m^3/d

续上表

工　点	槽段号	陡坡岩特性	施工工艺	施工效果
华新站5区	WD33	中风化基岩埋深 22.4～24.4 m，倾角约 25°；微风化基岩埋深 24.4～28.8 m，倾角约 30°	采用孔口定位架，固定短冲程钻机，十字钻钻头	未产生孔斜，工效 1.4 m^3/d
	WD45	中风化基岩埋深 24.8～26.8 m，倾角约 45°；微风化基岩埋深 26.8～29.3 m，倾角约 45°	采用孔口定位架，固定短冲程钻机，十字钻钻头	未产生孔斜，工效 1.1 m^3/d
皇岗村站	N45	中风化基岩埋深 14～17 m，倾角约 40°；微风化基岩埋深 17～25.9 m，倾角约 45°	采用孔口定位架，固定短冲程钻机，摩擦面式钻头	2 孔孔斜达 3%，回填重钻，工效 0.2 m^3/d
	N46	中风化基岩埋深 14.5～17 m，倾角约 40°；微风化基岩埋深 17～26 m，倾角约 45°	采用孔口定位架，固定短冲程钻机，摩擦面式钻头	未产生孔斜，工效 1.3 m^3/d
	N47	中风化基岩埋深 14～17 m，倾角约 40°；微风化基岩埋深 17～26 m，倾角约 45°	采用孔口定位架，固定短冲程钻机，摩擦面式钻头	未产生孔斜，工效 1.3 m^3/d
	N48	中风化基岩埋深 14～17 m，倾角约 40°；微风化基岩埋深 17～26 m，倾角约 45°	采用孔口定位架，固定短冲程钻机，摩擦面式钻头	未产生孔斜，工效 1.3 m^3/d
	N49	中风化基岩埋深 14～17 m，倾角约 40°；微风化基岩埋深 17～25.9 m，倾角约 45°	采用孔口定位架，固定短冲程钻机，摩擦面式钻头	未产生孔斜，工效 1.4 m^3/d
	S42	微风化基岩埋深 17～26 m，倾角约 45°	采用孔口定位架，固定短冲程钻机，摩擦面式钻头	未产生孔斜，工效 1.2 m^3/d
	S43	微风化基岩埋深 17～26 m，倾角约 45°	采用孔口定位架，固定短冲程钻机，摩擦面式钻头	未产生孔斜，工效 1.2 m^3/d
	S44	微风化基岩埋深 17.5～26 m，倾角约 45°	采用孔口定位架，固定短冲程钻机，摩擦面式钻头	未产生孔斜，工效 1.3 m^3/d

续上表

工　点	槽段号	陡坡岩特性	施工工艺	施工效果
皇岗村站	S45	微风化基岩埋深 17.5～26 m，倾角约 45°	采用孔口定位架，固定短冲程钻机，摩擦面式钻头	未产生孔斜，工效 1.3 m^3/d
	S46	微风化基岩埋深 17.5～26 m，倾角约 45°	采用孔口定位架，固定短冲程钻机，摩擦面式钻头	未产生孔斜，工效 1.3 m^3/d
	S47	微风化基岩埋深 17.5～26 m，倾角约 45°	采用孔口定位架，固定短冲程钻机，摩擦面式钻头	未产生孔斜，工效 1.4 m^3/d
	S48	微风化基岩埋深 18～26 m，倾角约 45°	采用孔口定位架，固定短冲程钻机，摩擦面式钻头	未产生孔斜，工效 1.4 m^3/d
	S49	微风化基岩埋深 18～26 m，倾角约 45°	采用孔口定位架，固定短冲程钻机，摩擦面式钻头	未产生孔斜，工效 1.5 m^3/d

4.6.4　大倾角陡坡岩预制钢套筒导向嵌岩技术

1. 工艺流程

地铁车站地连墙冲击成孔施工入岩且斜向岩面斜度较大时，传统施工做法通常是采用协同不同强度岩性的岩石强度，即提起冲击设备，往已经形成的冲击孔中回填与强度较高岩性强度基本相同的岩石，以补强度较弱岩性岩石面的物理强度，使两种或多种强度不同的岩性表面强度基本相同，最终效果为两种或多种岩层其表面受压强度基本达到同一界限，以保证成孔质量，防止偏孔。

预制钢套筒导向嵌岩系统引导潜孔钻破碎则不是协同各类岩性不同岩石强度，而是采用预制钢套筒导向嵌岩系统引导潜孔钻分割施工面减小钻头与岩石接触面的方式先行破碎不同强度的岩石来降低强度和增加临空面，再利用冲击钻机等设备进行冲击破碎，以减轻冲击钻机设备冲击锤头的工作强度，达到加快施工进度和节约成本的目的。

连续墙设计需要嵌入中风化岩3 m或微风化岩1.5 m，按照液压成槽机成槽和冲击钻机修底的工艺施工，平均日进尺不足2 cm，按照此工艺施工不能满足工期要求，且冲击钻机机械损坏严重。依托深圳地铁7号线茶光站围护结构地下连续墙施工工程，连续墙槽段底部基岩相对完整并且多处存在斜岩，由于槽底岩层强度较高，回填石方量大并且冲击进尺太慢，不能满足工期要求。经过研究，采用潜孔钻对硬、脆、碎基岩地层施工小口径钻孔，使坚硬岩层破裂、分割成块，从而破坏岩层的完整性并且增加临空面。施工过程中，潜孔钻发生了钻头滑位、孔位位移、钻杆扭断的现象。

为解决此项问题，研制开发了预制钢套筒导向嵌岩系统，有效解决了潜孔钻机在破碎和分解岩层中存在的问题。通过潜孔钻对岩层的破碎和分解，增加了临空面，降低了岩层的强度，圆满解决了冲击钻机冲击成孔过程中遇坚硬岩层、斜向岩面冲击孔洞偏斜和进尺难的技术难题，确保了工期。

地下连续墙预制钢套筒导向嵌岩技术的工艺流程：地质补勘→现浇导墙→成槽施工→加工预制钢套筒导向嵌岩系统→预制钢套筒导向嵌岩系统就位→嵌岩钻机就位→嵌岩钻机钻进→成孔→移除预制钢套筒导向嵌岩系统→冲击钻机就位→冲击钻机钻进→地下连续墙成孔→清槽。

(1)地质补勘

冲击钻机冲击钻孔施工前对地下连续墙位置进行补勘，探明地下连续墙800 mm宽度范围内中风化花岗岩最大揭示厚度平均11.15 m，局部地下连续墙进入加里东期混合花岗岩，岩石强度达89.4 MPa，岩体基本质量等级为Ⅱ级，冲击钻机直接冲击钻进成孔困难。

(2)导墙施工

导墙结构形式采用“ㄱ ㄏ”型，导墙墙底伸过冠梁底面下100 mm，且导墙高度不小于2 000 mm，以满足其稳定性及施工要求。导墙沟槽采用人工开挖，局部路面混凝土可采用风镐进行破除。导墙混凝土浇筑采用商品混凝土，溜槽入模，混凝土浇筑时两边对称分层交替进行，严防走模。导墙混凝土达到规范强度要求后开始拆除模板，拆模后立即再次检查导墙的中心轴线和净空尺寸以及侧墙混凝土的浇筑质量，如发现侧墙混凝土侵入净空或墙体出现空洞，需及时修凿或封堵。

(3)成槽施工

单元槽段成槽采用“抓冲结合”的方法，即导墙施工完毕后，先采用手控冲击钻机施工导向孔。每幅地下连续墙先在墙体左、中、右部位施工 3 个导向孔，每孔冲孔至设计标高。导向孔主要有两方面作用：①为地下连续墙墙体垂直度提供保障；②提高液压成槽机作业工效。当采用重锤垂直向下冲击成孔时，完全在重力作用下作业，孔的垂直度可得到较好保证。当冲孔形成后，采用液压成槽机沿导向孔进行抓土作业，控制成槽垂直度。抓斗成槽深度视土体强度确定，通常施工至中风化地层后，因岩石强度较高，液压成槽机抓斗无法继续作业，改由冲击钻机施工下部入岩部分地下连续墙。入岩部分地下连续墙全部采用冲击钻机冲击跳孔施工，先采用圆锤冲至设计标高后，再采用方锤修孔，即先冲孔、再抓槽、最后再冲击成槽，即为“冲抓冲法”施工。预制钢套筒导向嵌岩系统就是为配合冲击钻机在高强度斜向岩面的岩层环境条件下施工作业而研发的。

(4)预制钢套筒导向嵌岩系统的引入

潜孔钻机在中微风化硬质岩层钻孔施工时存在钻头滑位、孔位位移、钻杆扭断的现象，研发一种既可以保护钻杆又可以引导、定位钻头的操作系统成为嵌岩钻孔施工的必然需求。根据类似钻孔施工经验，若在钻杆外加一根钢套筒，同时将钢套筒固定在潜孔钻孔位上，既可以保护钻杆又能防止钻头偏位，且钢套筒的直径要合适，直径偏大无法定位孔位，偏小则钻孔产生的岩末不能顺利排出。为加快钻孔速度，可按照潜孔钻的孔位增加钢套筒的数量，这样可避免重复吊装安放单根钢套筒，节省时间。为便于施工中吊放预制钢套筒导向嵌岩系统，钢套管由 7 根或 9 根钢管组成，外加 2 cm 厚的钢板进行固定。

①材料及设备选型

采用 CM358A 型潜孔钻，钻杆直径 76 mm，钻头直径 138 mm，经过现场反复试验确定采用外径 152 mm、壁厚 6 mm 钢套筒效果最理想。钢套筒采用厚度为 2 cm 限位钢板固定。

②钢套筒选材及孔位布置

a. 选取 3 块 800 mm×700 mm×2 cm 限位钢板，在每块限位钢板上划出潜孔钻孔位的点位，分 7 个或 9 个两种，以该点位为圆心划直径为 152 mm 的圆，用彩色粉笔或石笔划出该圆的轮廓，用氧气乙炔火焰枪进行切割。按此方法分别对 3 块限位钢板进行切割。预制钢套筒导向嵌岩系统平面如图 4.6－4 所示。

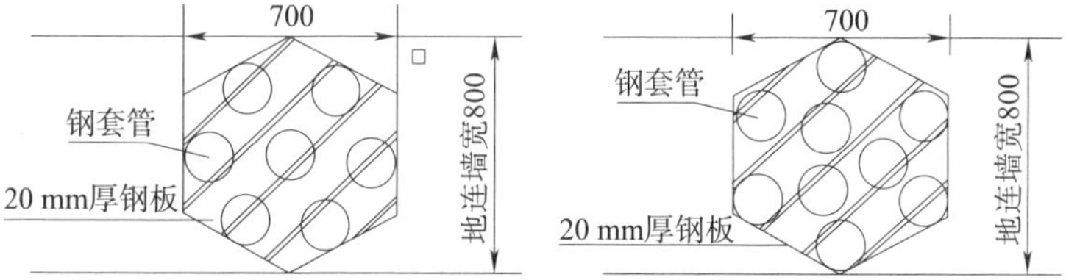

(a)7 根钢套筒横断面图　(b)9 根钢套筒横断面图

图 4.6－4　预制钢套筒导向嵌岩系统平面图(单位：mm)

b. 分 7 根或 9 根两种将直径 152 mm 的钢套筒穿入限位钢板的圆孔中，3 块限位钢板分别放置于钢套筒上、中、下三个部位，下部和中部的限位钢板采用电焊方式与钢套筒焊牢，上部临时点焊，这样可根据地下连续墙孔深调节钢套筒的长度。钢套筒的标准长度为 8.944 m，现场准备若干 1 m、2 m、5 m 等长度的临时钢套筒，可根据孔深选择临时钢套筒焊接在标准长度的钢套筒上。为增加焊接牢固性，在钢套筒接头处焊接 4 根直径 20 mm、长 30 cm 的螺纹钢筋作为连接杆，与上、下钢套筒各搭接 15 cm。预制钢套筒导向嵌岩系统成品如图 4.6－5 所示。

图 4.6-5　预制钢套筒导向嵌岩系统成品照片

c. 孔位布设。标准段地下连续墙 6 m 槽段按 5 个主孔(1～5)、4 个副孔(6～9)进行布设,如图 4.6-6 所示。

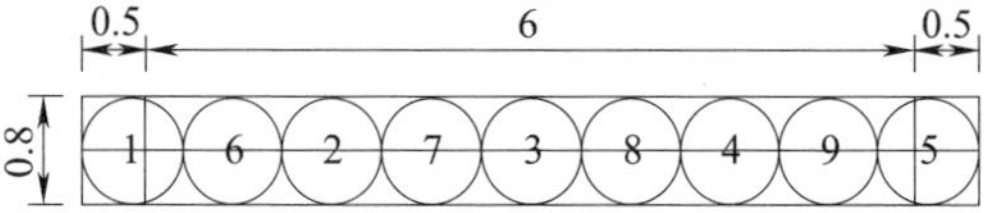

图 4.6-6　地下连续墙槽段孔位布置图(单位:m)

(5)埋设预制钢套筒导向嵌岩系统

冲击钻机完成软质地层钻孔后,吊装安放预制钢套筒导向嵌岩系统,根据孔深选择合适长度的钢套筒,选择原则为宁长勿短。将预制钢套筒导向嵌岩系统吊起,用水平尺或垂球检查,保证预制钢套筒导向嵌岩系统的垂直度;下放至槽孔过程中速度应缓慢,防止碰到槽壁导致槽孔坍塌或钢套筒变形;下放至孔底后用钢筋穿过钢套筒间隙横跨在地下连续墙导墙的混凝土面上,两侧放置重物防止位移。高于导墙的钢套筒用氧气乙炔火焰枪切除,将预制钢套筒导向嵌岩系统上部的限位钢板下放至横跨钢筋上点焊固定。钢套筒的切割如图 4.6-7 所示,预制钢套筒导向嵌岩系统的定位如图 4.6-8 所示。

图 4.6－7　钢套筒的切割

图 4.6－8　预制钢套筒导向嵌岩系统的定位

(6)潜孔钻成孔

潜孔钻机就位后,首先钻头对准布置好的钢套筒孔位,用水平尺或垂球检查确保钻杆垂直度然后开始钻进,如图4.6-9所示。每节钻杆长度为3 m,钻进过程中通过添加钻杆达到设计孔深。钻机配套动力为一台型号为LG-16/13GY、排气量为16 m^3的空气压缩机。钻进过程中,一方面潜孔钻机通过活塞杆往返运动,使回转供风机构向前滑动,钻具以一定轴压作用于孔底,实现凿岩推进;另一方面通过其空心轴把高压风送入钻杆直达冲击器,经由钻头通风孔完成孔底吹渣动作,将孔底杂物吹出孔外。依次完成各孔位的施工。

图4.6-9 潜孔钻机就位

(7)冲击钻成孔

地下连续墙槽内潜孔钻机施工完成后,继续采用冲击钻机进行冲击施工，施工过程中选用 CK-6C 型冲击钻机进行冲击成孔作业，如图 4.6－10 所示。冲击钻孔前，司钻人员必须先熟悉地质状况，确定所处地层，依据地质岩性调整钻进参数。钻进过程中冲击钻机不能产生位移或沉陷，否则应及时处理。处理孔内事故或因故停钻时，必须将钻头提出孔外。桩机就位后开始钻孔，冲击岩石使其破碎，然后利用反循环排渣方式及时将破碎岩屑第一时间排出孔外。如此循环往复，直至钻至设计深度。冲击过程中注意调整成孔垂直度，成孔深度不得小于设计深度。

图 4.6－10 冲击桩机施工

(8)泥浆净化器清槽

冲击成孔后，重复成槽施工工序，利用液压成槽机开挖，槽段开挖到设计标高后，采用泥浆净化机进行清槽施工，如图 4.6－11 所示。在导墙上安装泥浆净化机，入口通过钢管连接至潜水泥砂泵出口。用吊车起吊泥砂泵将其放至槽底，直接将槽底含石屑的浓泥浆抽出至泥浆净化机。通过净化机旋流分离作用，将泥浆排放回槽段内，石屑经过净化机振动筛排至地面，石屑经分离作用，含水量及含

图 4.6－11　泥浆净化器清槽

泥量均较低，可直接装车外运。泥浆净化机主要适用于现代基础工程施工中采取泥浆固壁、循环钻进工艺的大口径桩基及地下连续墙工程。该设备能够将泥浆充分净化，有利于控制泥浆的性能指标，提高造孔质量；同时对土渣的有效分离，有利于提高造孔工效；泥浆的闭路循环方式及较低的渣料含水率有利于减少环境污染。

2. 材料与设备

需要用到的材料与设备配备见表 4.6－3。

表 4.6－3　主要材料和设备配置表

设备材料名称	规格型号	数量(台/套)
液压成槽机	金泰 SG50，263 kW	1
冲击钻机	CK-6C，45 kW，ϕ0.8	2
履带式起重机	QYU120，120 t	1
自卸汽车	EM443，15 t	1
泥浆净化器	Z×-200 型	2
全站仪	TS15P	1
制浆设备		2
潜孔钻机	CM358A	1

续上表

设备材料名称	规格型号	数量(台/套)
限位钢板	厚 20 mm	若干
钢套筒	直径 152 mm	若干
空气压缩机	LG-16/13GY,16 m^3	1

3. 技术应用

深圳地铁 7 号线茶光站围护结构有地连墙 94 幅，自 2013 年 3 月 18 日开始施工，于 2014 年 5 月 18 日结束。该围护结构施工采用了地下连续墙预制钢套筒导向嵌岩施工工艺，该车站围护结构已施工完成，质量和安全状况良好，整体技术指标满足规范要求。该项技术有效解决了冲击钻机冲击成孔过程中遇微风化和中风化花岗岩坚硬岩层斜向岩面冲击孔洞偏斜的技术难题，节约人工费、机械租赁费及施工用电费约 35 万元，工期提前 60 d。

深圳地铁 7 号线珠光站位于深圳市南山区龙珠大道与龙珠二路丁字交叉口，沿龙珠大道东西方向布站。车站北侧为龙都花园、龙联花园居住小区，南侧为龙辉花园居住小区。珠光站主体围护结构全采用 800 mm 厚地下连续墙，共 115 幅，分直型墙(101 幅)、L 型墙(6 幅)及 Z 型墙(8 幅)三种形式。本站围护结构地下连续墙工程的地质情况十分复杂，存在多处上软下硬地层。珠光站地下连续墙于 2012 年 12 月 1 日开工，2013 年 9 月 30 日完工，提前 60 d 完成建设单位下达的节点目标，超声波检测和钻孔取芯合格率达 100%。

同时，该施工技术于 2013 年 7 月 10 日～12 月 2 日在深圳地铁 7 号线西丽站围护结构地下连续墙施工中进行了应用，应用效果良好，提前 25 d 完成建设单位下达的节点目标，超声波检测和钻孔取芯合格率 100%。2012 年 12 月 15 日～2013 年 5 月 30 日在深圳地铁 7 号线深云站围护结构地下连续墙施工中进行了应用，应用效果良好，提前 31 d 完成建设单位下达的节点目标，超声波检测和钻孔取芯合格率 100%。

第 5 章　超宽管线群下地连墙施工技术

5.1 概　　述

城市轨道交通施工的最大特点就是地下管线众多，场区内可能存在密集的电力、通信、雨水、给水、污水、燃气等管线，其中以高压电力管线和燃气管线最为危险。这些管线部分不能迁改或者迁改时间不满足工期要求，在围护结构地连墙甚至主体结构施工期间，始终存在于场区内，因此必须对管线进行保护，并在管线条件下进行地连墙施工。

当管线较窄的时候，冲击钻可从管线两边分别成槽，方钻可以顺利下放到管线下平底，采用两片钢筋笼从槽段两端分别下设，然后合龙，因此成槽和下设均可以顺利实施。但当管线较宽的时候，采用上述方式成槽中间存在小墙，两边钢筋笼带有工字钢，在泥浆下阻力较大，几乎不能平移，常规做法是将管线两边槽段先行施工，管线部分采用人工挖孔施工，或在基坑开挖阶段边开挖边施工。

本项目结合华强北 4 区通信管线、6 区高压电力管线以及黄木岗北端通信管线群不能迁改的情况，最宽达到了 1.2 m，进行“一槽三笼”施工工艺研究。

主要思路：采用非平衡钻凿工艺结合钢丝绳抓斗纯抓法进行管线下成槽，一槽设置三个钢筋笼，管线下单独下设钢筋笼，从管线一侧入槽，平移至管线下，两侧各下设一个钢筋笼。依据管线部位调整导管位置，确保混凝土浇筑质量。

5.2 管线保护技术

由于各类管线均是在正常使用的线路，施工前首先要对管线进行保护，避免由于施工原因造成管线破坏，造成巨大的损失。

1. 通信管线保护

根据管线厚度和宽度，制作钢板保护箱(图 5.2-1)，钢板厚 5 mm，四周与管线距离 2 cm。钢板保护箱与导墙同时施工，两侧钢板可嵌入导墙。施工时，先将管线下土体人工挖除，安放底部钢板，再安放两侧钢板和顶部钢板，注意顶部钢板要延伸到导墙上，用于将钢板箱锚固在导墙上，这样既可以防止钻机在下放钻头过程中直接与管线接触造成破坏，又可以防止钢板箱在成槽过程中左后移动对管线造成破坏。

图 5.2-1 现状通信管线及管线保护

2. 高压电力管线保护

为防止地连墙施工过程触碰高压电缆，设置钢板箱保护高压电缆，钢板箱与电缆距离 5 cm，钢板上焊接 $\phi12$ 钢筋接地。为防止提升钻头时刮蹭钢板箱，在钢板箱下方 15 cm 处设置限位槽钢，钢板厚度 1 cm，采用 14 号槽钢。高压电力管线保护结构如图 5.2-2 所示。

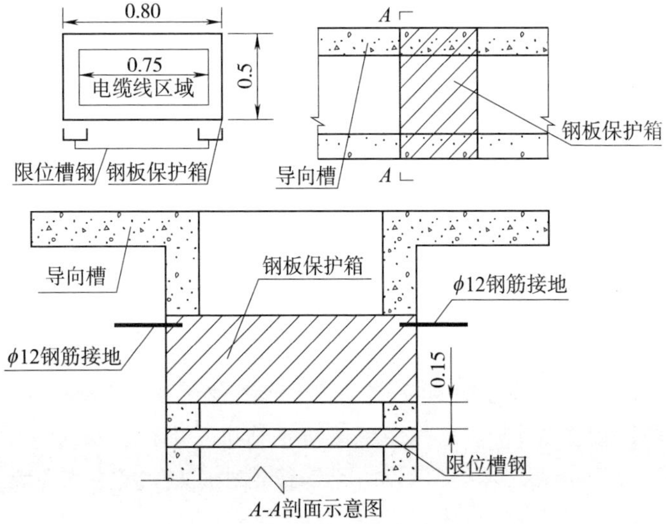

图 5.2-2　高压电力管线保护示意图(单位:m)

导墙钢筋笼绑扎时,预留钢板保护箱空间。施工时,提前在加工场焊制"⌴"形钢板槽。导墙钢筋笼绑扎后,先在预留空间内安装限位槽钢,再安装提前焊制的"⌴"形钢板槽,安装时注意将钢板槽中心对准管线中心,然后在两边及顶部空余位置回填细砂,最后焊接顶部钢板,形成钢板箱浇入导向槽。

5.3　超宽管线群下成槽

为顺利施工管线下方地连墙,可调整地连墙分幅线,使地连墙中心对准管线中心。根据管线埋深及厚度,管线下一定范围采用人工开挖或长臂反铲开挖,以安放钻头,并保证钻头有一定的冲程。开挖完毕后钻机就位,钻头从管线一侧入槽,钻头中心位置(钢丝绳)紧贴(留出 2～3 cm 距离,避免钢丝绳与钢板摩擦)钢板箱。将钻头置于管线下方后开钻。两侧都终孔后使用方钻头将两孔之间的小墙找平。管线下方施工完毕后,再进行槽段其他部位的施工,直到成槽为止。严格控制孔形和孔斜，便于钢筋笼的平移。

所谓非平衡钻凿工艺，就是在紧贴管线两侧主孔施工时，充分利用中间管线下部分土体已开挖的条件，让钻孔往管线内偏斜，终孔后用方钻平底时修正孔斜。管线下成槽示意如图 5.3 所示。

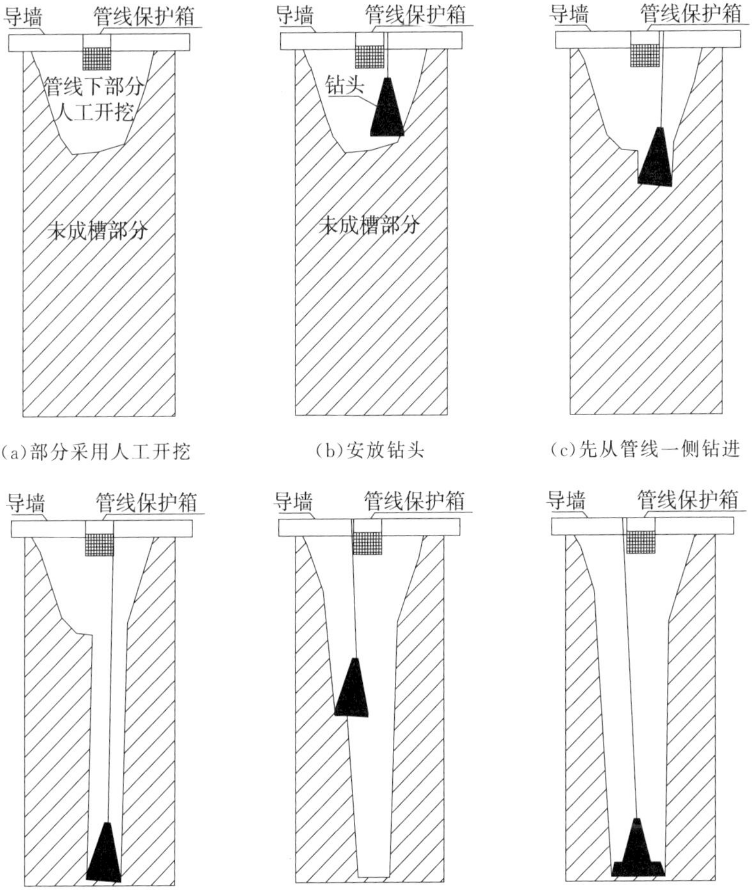

(a)部分采用人工开挖　(b)安放钻头　(c)先从管线一侧钻进

(d)该侧终孔　(e)管线另一侧非平衡钻孔　(f)方钻平底修孔

图 5.3　管线下成槽示意图

5.4 钢筋笼加工

钢筋笼分为 3 片加工，为了确保管线下笼体（中间 2 号钢筋笼）能顺利移动到管线下方，其笼厚经适当调整。钢筋笼顶部标高比管线底部标高低 1～2 m，方便钢筋笼平移过程中及移动至管线下后上下活动，确保钢筋笼顺利平移和下设垂直。钢筋笼笼顶不足部分预留接驳器，待基坑开挖前补齐。

钢筋笼截面如图 5.4 所示，中间笼体需加强，笼体截面需经过计算。

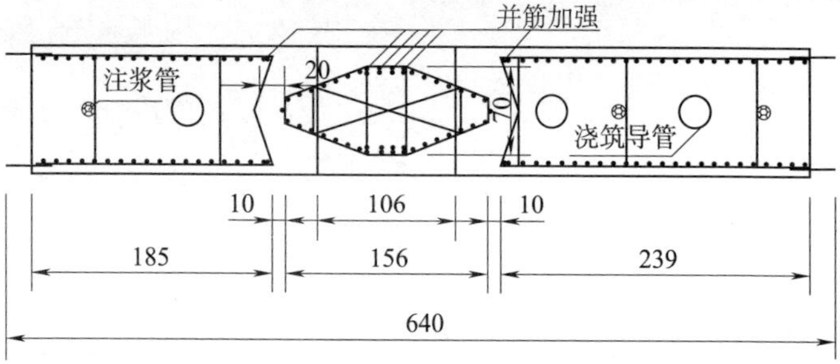

图 5.4 “一槽三笼”钢筋笼示意图（单位：mm）

5.5 钢筋笼下设与混凝土浇筑

“一槽三笼”施工技术的难点在于 2 号钢筋笼平移到管线下方，由于涉及平移，钢筋笼吊筋采用钢丝绳代替，方便在平移过程中换绳。“一槽三笼”钢筋笼下设示意如图 5.5 所示。

起吊过程中利用锁具中间的两条钢丝绳 B1、C2 起吊钢筋笼。钢筋笼下至孔口时，利用扁担将钢筋笼暂支撑在导墙上。释放 B1、C2 两条钢丝绳，从钢筋笼吊点处再穿入两根钢丝绳 B5、C6，完成钢丝绳锁定后，吊车提升锁具，此时 B5、C6 两条钢丝绳受力，钢筋笼提升后，抽出支撑在导墙上的扁担，再进行钢筋笼下放。钢筋笼笼顶下放到孔口位置时，穿入A3、D4两条钢丝绳，且A3钢丝绳需穿过管线下方，并且通过在导墙中心提前设置的导向滑轮，便于减少摩擦。钢筋笼下放到管线底部以下后，将扁担穿入B5、C6两条钢丝绳支撑在导墙上，然后将B5、C6锁扣释放，再次提升锁具，此时A3、D4两条钢丝绳受力，并且将1号钢丝绳穿过管线下方。

提升锁具，且锁具在提升过程中缓慢向管线方向移动，直到钢筋笼移动到管线下方。移动到位后，为了确保钢筋笼笼底也同时移动到管线下方，锁具反复提升下放2～3次，通过视觉观察钢筋笼笼顶两侧漏出泥浆面高度一致时，确定平移成功。平移到位后，提升至一定高度，用1、2号钢丝绳代替吊筋固定钢筋笼。

中间钢筋笼下设后使用常规方法下设1号、3号钢筋笼，之后再进行导管下设及混凝土浇筑。

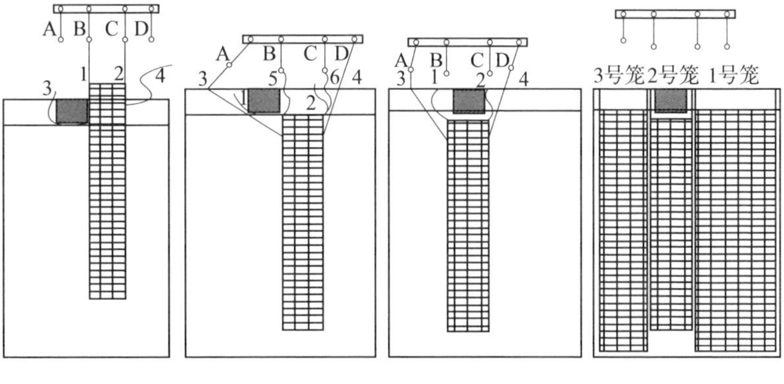

图5.5　“一槽三笼”钢筋笼下设示意图

第6章　泥浆下锚杆锚索快速切割技术

6.1　锚杆锚索分布情况

福民站两侧建筑物密集，两侧紧邻福民佳园、知本大厦、时代星居、皇福裕苑等多栋高层建筑，是全线距周边建筑既有基坑最近的车站。

福民佳园地下室围护结构为桩锚形式，在里程DK18+260.105～DK18+314.095约54 m段分布2层锚索，共51根侵入车站地连墙。车站地连墙施工时有77处锚索需要切除处理，如图6.1-1和图6.1-2所示。

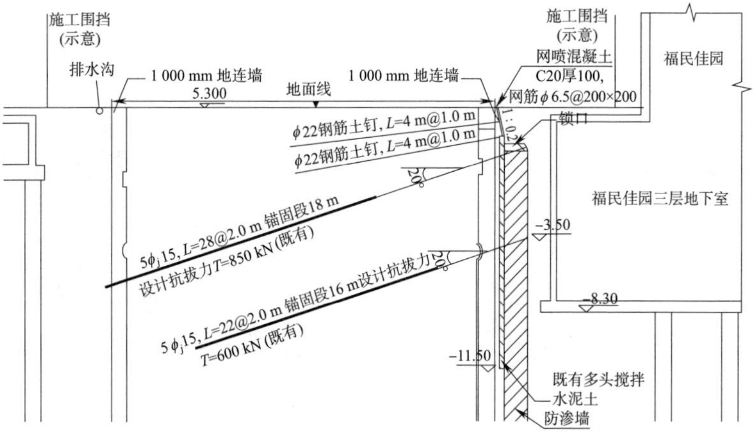

图6.1-1　侵入的锚索剖面示意图

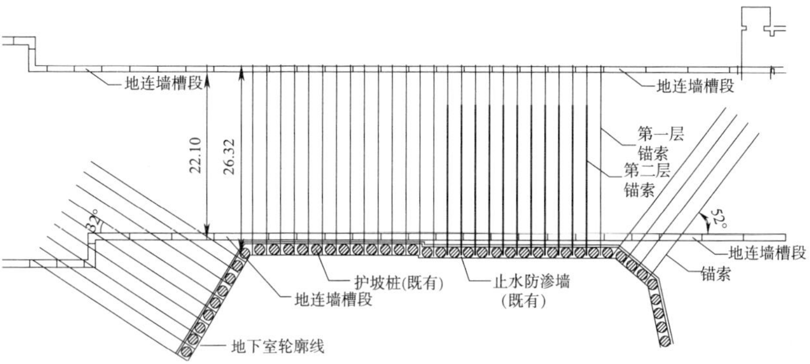

图 6.1-2　侵入的锚索平面位置示意图(单位:m)

实际施工过程中,发现皇福裕苑的既有围护结构也采取了桩锚工艺,有两排锚索侵入车站内,在车站地连墙位置孔深分别为 3 m 和 6 m 左右,锚索孔距 2.5 m 左右,上下排为梅花形布置,总共约有 74 束,每束(孔)包括 3 根锚索、1 根锚管、2 根 PVC 管,倾角约为 15°～20°。

6.2　锚索处理方法

目前,针对国内类似工程的地下锚索情况,常规的处理方法主要有人工割除法、抓斗拔除法、钻机冲砸法、人工挖孔桩法和套管钻进拔取法。

1. 人工割除法

抓斗在开槽时进行干抓,遇锚索锚杆后,捞清上层渣土,用潜水排污泵抽干槽内地下水,在保证槽内无坍塌隐患的前提下,利用氧气乙炔快速切割。

该方法较原始,操作简单,较经济,适用于地下水位较深、锚索埋深小于 5 m 且高于地下水位的情况;弊端是适应性差,无法处理埋深较深的地下锚索,当地下水位较高时,人员下井安全风险较大。

2. 抓斗拔除法

在抓斗成槽施工中,通过抓斗的闭合力抱紧锚索,利用抓斗的提升力直接把锚索拔除。遇到锚束较长时可以在拔出地面后,用氧气乙炔割除。

该工法方便快捷;弊端是当锚索的锚固力较强时会抓拔不动,抓拔处理时存在塌孔的风险,抓拔出来的锚索自由端存在缠斗体的风险,造成难以处理的卡斗事故。

3. 钻机冲砸法

采用冲击钻机成槽施工时,可采用重锤冲击法,冲砸过程反复不断地填入较坚硬的块石,利用钻头的冲击力和块石之间的夹断力将锚索冲断后再正常向下钻孔。

该方法操作简单、经济,当锚索正好在正孔位上时处理效果最好;弊端是效率较低,施工时锚索断头留置于槽内且断头长度不可预知,存在冲砸过程中锚固端松动后被拽入槽内,加长的锚索断头端在后续施工中存在缠绕钻头导致卡钻的风险。

4. 人工挖孔桩法

采用人工挖孔桩的方式逐层挖除锚索上部土层,钢筋混凝土逐层护壁,每挖深一层护壁一层,直至挖到锚索的深度,裸露出锚索后再用切割机切断锚索。挖桩过程用潜水排污泵进行井内排水。

该方法原理简单,处理直观,能处理埋深相对较深的地下锚索;弊端是施工前要求精确掌握地下锚索的位置,工效低,工期长,成本大,井下作业安全隐患大。

5. 套管钻进拔取法

依据地勘取芯的原理,在锚头位置开挖设备坑,安装套管钻机,从锚头开始顺着锚索方向套管钻进至锚索末端,解除锚固力,再从孔口拔除锚索。每拔出一节,将围裹在锚索上的水泥敲掉,切断一节,如此拔切直至全部拔除。

该方法机械化程度高,处理直观。弊端是既有锚索的锚头处需要有作业井的工作面,工况要求高;需要较详细的既有锚索施工资料，掌握锚索的钻孔方向和角度，施工精细化程度要求高；投入成本较大，处理时间较长。

6.3　泥浆下锚索切割机具研发

6.3.1　研发过程

2012年7月8日，召开有关深圳地铁地下连续墙方案研讨会时，根据本车站存在大量锚索侵入情况，结合本车站的工期要求，认为地下连续墙施工前对侵入锚索的割除是这个车站地连墙施工的一大难点，严重制约工程工期，并首次提出了把地连墙内泥浆下既有锚索快速切割作为一个技术攻关课题。

2012年7月31日，召开了深圳地铁地连墙技术讨论会，会上对锚索快速切割技术进行了初步研究讨论，并组织技术力量成立了课题攻关小组。

2012年8月23日，课题攻关小组通过充分的市场调研和技术讨论，总结了包括绳锯机、无齿锯和液压剪的3套泥浆下既有锚索快速切割方案，通过3套方案的技术经济可行性的对比分析和论证，最终确定了选择绳锯机泥浆下既有锚索快速切割方案进行研发。

2012年8月27日，课题组完成了绳锯机泥浆下既有锚索快速切割方案的初步设计，并完成了配套设备的图纸设计，组织技术人员就初步方案进行了技术细节的探讨，根据不同工况对方案进行了优化，完善了设备加工图纸。

2012年8月31日，召开绳锯机泥浆下既有锚索快速切割方案的专题技术讨论会，确定了方案，并进行配套设备的加工委托。

2012年9月29日，完成了首套泥浆下既有锚索快速切割配套设备的加工和组装，成功进行了锚索切割地面试验。

2013年4月29日，采取绳锯机泥浆下既有锚索快速切割技术的《福民站周边建筑围护结构锚杆锚索处理专项方案》通过了深圳市专家组的评审，并获得了“可行并有创新性”的高度评价。

2013年7月12日，在施工福民站SW14槽时，首次正式使用新研发的锚索切割专用设备处理锚索。

2013年11月1日，完成福民站全部侵入锚索的切割，共处理了14个槽段，切除了锚索28束。

6.3.2　锚索切割专用设备研发

1. 锚索切割专用设备组成

锚索切割专用设备是专门针对本项目锚索切割施工而设计研制的一套新型专用设备，主要由地面控制系统和泥浆下切割系统组成，如图6.3-1所示。

(a)DSM-10A绳锯机

(b)泥浆下切割系统

(c)地面控制系统

(d)金刚石串珠绳

图6.3-1　锚索切割专用设备

地面控制系统主要由切割主驱动设备、主驱动设备液压控制系统和夹具液压控制系统组成，能够方便地在地面进行驱动和操作控制；泥浆下切割系统主要由夹具系统、切割系统、导向系统和钢结构机架及刚性固定连接件等组成，能够利用设备自重和导向系统在一定范围内自动定位锚索，进行切断处理。

2. 锚索切割专用设备的工作原理

锚索切割专用设备是基于金刚石绳锯切割技术，并运用反切原理、人字形导向原理和切点分离原理而改进研发的，解决了泥浆下穿绳问题、泥浆下定位问题和不同侵入角度锚索切割问题，如图 6.3－2 所示。

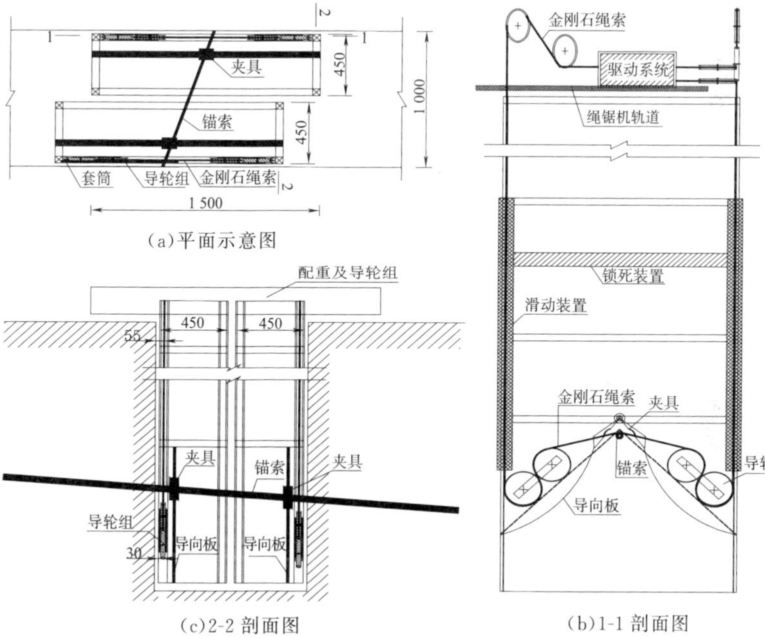

图 6.3－2　锚索切割专用设备的工作原理示意图(单位：mm)

切割作业时先将绳锯穿好在泥浆下切割系统上，与钢结构机架一起下设到槽内，根据槽内锚索的深度和侵入角度，通过导向板两套分体式钢结构机架自动适应需要切除锚索的位置，将锚索导入夹具系统内，夹紧锚索的切点位置后固定到导向槽上，连接地面驱动系统后进行切割作业。

6.4 泥浆下锚杆锚索快速切割工艺

1. 切割工艺流程

泥浆下锚杆锚索切割工艺流程如图 6.4－1 所示。

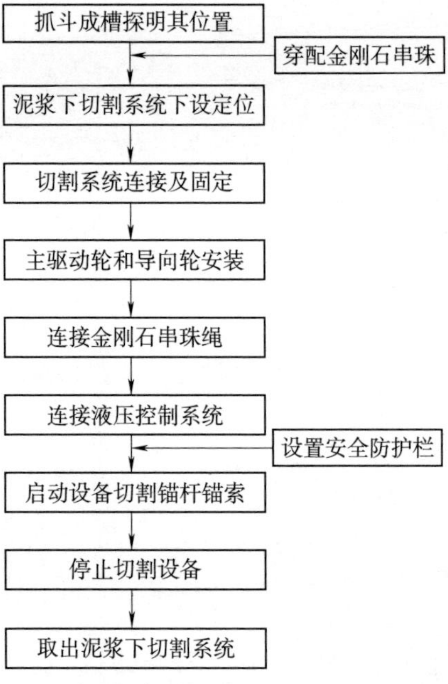

图 6.4－1 泥浆下锚杆锚索切割工艺流程

2. 切割技术

锚杆锚索切割过程如图 6.4－2 所示，具体切割技术如下：

(a)泥浆下切割系统地面组装

(b)泥浆下切割系统下设定位

(c)泥浆下切割系统地面固定

(d)地面驱动系统组装

(e)锚杆锚索切割

(f)切断的锚索束

图 6.4-2　锚杆锚索切割过程

(1)正常施作导墙,锚杆锚索上部地连墙用抓斗正常开挖施工。

(2)抓斗在探测到锚杆锚索位置后,停止施工,将抓斗斗体提出地面,用吊锤或磁铁等措施探明锚杆锚索的准确位置和深度。

(3)将切割专用设备的泥浆下切割系统下入槽内,用夹具锁定锚杆锚索并固定好设备。

(4)安装地面主驱动轮,连接控制系统,启动设备进行泥浆下锚杆锚索切割。

(5)切割完成后将泥浆下切割系统连同切掉的钢绞线一同提出地面。

(6)用抓斗继续成槽施工。

3. 切割完成情况

本工程在 2013 年 7 月 12 日施工 SW14 槽时,正式使用新研发的锚索切割专用设备处理锚索,根据工程的进展情况,主要对埋深较大的侵入锚索进行处理(埋深较小的已经采用人工切割法处理)。至 2013 年 11 月 1 日完成全部侵入锚索的切割,共处理了 14 个槽段,切除了锚索 28 束,见表 6.4-1。

表 6.4-1 采用专用设备切割锚索的统计表

序号	完成日期	槽段号	束数	锚索编号	锚索深度(m)	用时(h)
1	7月13日	SW14	2	MG1-22,MG1-23	3.5	8.5
2	7月14日	SW20	3	MG3-9,MG3-10,MG3-11	10	16
3	7月26日	SW17	2	MG3-4,MG3-5	10	10
4	8月8日	SW5	1	MG1-7	10	4.5
5	8月22日	SW15	1	MG3-1	10	4
6	8月26日	SW18	3	MG3-6,MG3-7,MG3-8	10	12
7	9月6日	SW16	2	MG3-2,MG3-3	10	8.5
8	9月8日	SW6	1	MG1-8	8	4
9	9月17日	SW2	2	MG1-3,MG1-4	12	11

续上表

序 号	完成日期	槽段号	束数	锚索编号	锚索深度(m)	用时(h)
10	10月3日	SW7	3	MG1-9,MG1-10,MG1-11	6～7	12
11	10月13日	SW4	2	MG1-5,MG1-6	10	8
12	10月16日	SW22	2	MG1-26,MG1-27	5	6.5
13	10月26日	SW21	2	MG3-10,MG1-25	10	8.5
14	11月1日	SW24	2	MG1-28,MG1-28	5.5	7
合 计			28			120.5

4. 切割工序时间分析

根据施工过程的统计分析,采用锚杆锚索切割专用设备切割锚杆锚索实际施工中,每束锚杆锚索的处理时间大约需要 3.5～6 h,正常切割一般不超过 20 min,主要是设备下设和定位的辅助用时较长,各工序时间见表 6.4-2。

表 6.4-2 切割工序时间表

序 号	工序/过程	时间(h)	备 注
1	泥浆下切割系统地面组装	0.5	吊车配合起吊
2	泥浆下切割系统下设、导向定位	1～2	需多次提升,根据导向微移定位
3	夹具系统定位和固定	0.5	
4	地面驱动系统组装、调试	0.5～1	
5	正常切割过程	<0.3	
6	设备拆除转移	0.5～1	

5. 锚杆锚索快速切割技术措施

(1)固定绳锯机及导向轮

用 M16 化学锚栓固定绳锯主脚架及辅助脚架,导向轮安装一定要稳定,且轮的边缘一定要和穿绳孔的中心线对准,以确保切割面的有效切割速度,严格执行安装精度要求。

(2)安装绳索

将金刚石绳索按一定顺序缠绕在主动轮及辅助轮上，注意绳子的方向应和主动轮驱动方向一致。

(3)相关操作系统的连接及安全防护技术措施

根据现场情况，水、电、机械设备等相关管路的连接应正确规范、相对集中，走线摆放严格执行安全操作规程，以防机多、人多以及辅助设备、材料乱摆、乱放，造成事故隐患。绳索切割过程中，绳子运动方向的前面一定用安全防护拦防护，并在一定区域内设安全标志，以提示行人不要进入施工作业区域。

(4)切割

启动电动马达，通过控制盘调整主动轮提升张力，保证金刚石绳适当绷紧，供应循环冷却水，再启动另一个电动马达，驱动主动轮带动金刚石绳索回转切割。切割过程中必须密切观察机座的稳定性，随时调整导向轮的偏移，以确保切割绳在同一个平面内。

(5)切割参数的选择

切割过程中通过操作控制盘调整切割参数，确保金刚石绳运转线速度在 20 m/s 左右。切割操作做到速度稳定、参数稳定、设备稳定。

(6)切割过程中应注意的问题

如遇到卡绳、断绳等现象，要有相应解决措施。安全防护措施一定要严格、严密，否则断掉的金刚石绳索上的金刚石串珠会像子弹一样飞出伤人。故现场除搞好必要的防护措施外，一律谢绝来往无关人员观摩。

第 7 章　深厚基岩地连墙施工新技术

7.1　成槽轨道定位技术

1. 定位的涵义

成槽定位包含两方面内容：一是轴线定位，二是成槽设备定位。

轴线定位也就是我们平常所说的测量放线，在这个阶段我们要重点关注的是轴线外放量。为避免地连墙侵限，确保结构设计厚度，要根据地质条件、成槽设备性能、最大允许偏斜率、施工单位经验水平等因素对轴线进行外放。最大外放量可按式(7.1)计算。

$$\Delta L = \eta \times h + \frac{\Delta W}{2} \tag{7.1}$$

式中　ΔL——地连墙轴线最大外放量(cm)；

η——设计允许槽段最大偏斜率；

h——基坑开挖深度(cm)；

ΔW——导墙外放量，一般取 $\Delta W = 5$ cm。

成槽设备定位是成槽设备在施工过程中的定位，设备定位精确度的高低对孔形影响很大。由于成槽机一般都是履带式的，依靠履带行走定位，无论在水平面上还是在垂直面上，均能保证孔形良好，我们所要研究的是冲击钻定位。

2. 传统定位方法

冲击钻单孔定位主要通过钻头定位，将钻头对准孔中心，然后下放钢丝绳钻进。开孔时应轻打勤放，即采用小冲程、高频次、勤放少放钢丝绳的钻进方法。

在常规施工中，钻机移位主要采用大型吊车，在起吊前要对钻机进行拆卸，分离重锤和钻机，收起支架。然后分开起吊主机、重锤和附属设备。在吊到指定位置后再重新组装，对准孔位，开始施工。这种方式具有以下缺点：

(1)加大了施工过程中的安全风险。吊车作业属于特种作业，钻机在起吊、吊运、下放过程中易出现一些不可预见的风险。同时，由于市政项目一般都是在市区施工，场地相对野外施工要小得多，对于吊车这种对场地要求很严格的设备，在市区施工其灵活性受到很大的限制。

(2)吊车操作过程中需占用施工通道，增加了现场平面布置和调度的难度。

(3)吊车转移时间长。每次移动孔位均需将钻机和重锤分离，分开吊运，然后再进行组装。因转移时间长，降低了施工工效。

(4)在转移到新的孔位后，设备要重新对位，此重新对位易出现孔中心不在一条直线上的情况，从而导致卡钻、钢筋笼下设困难等问题。

3. 钻机轨道定位技术

所谓轨道定位，就是在钻机下方平行轴线处铺设一条轨道，如图 7.1 所示，同时在钻机上安装滚轮，通过滚轮滑动实现水平移动。地连墙轴线之间的距离应根据钻机前轴距天轮中心的距离确定。

图 7.1　钻机轨道定位

轨道定位具有以下优点：

(1)相对吊车转移，使用轨道移动安全系数要高得多。只需要通过人力撬动钻机移动到指定位置固定就可以了。

(2)铁轨焊到铁板上,然后通过 ϕ28 钢筋对铁轨进行加固,轨道整体起吊安装,并在钢板下部铺设木板,稳定性高。

(3)采用接力方式铺设铁轨,即铁轨分段制作,当钻机移到下一孔位时,将其前面的一段铁轨吊到钻机要施工的下一孔位上,这样不仅轨道能重复使用,也节约了移机时间,提高了设备有效造孔时间,从而保证有效进尺。

(4)增强钻机的灵活性。在小的范围内,通过移动钻机,调整孔位,保持槽孔孔形。

7.2　槽内泥浆循环技术

手把钻和冲击钻施工过程中,必须加强槽内泥浆循环和过程除渣。施工过程中主要采取了以下措施:

(1)每天班前先进行冲孔循环泥浆 0.5 h 左右,将槽内泥浆搅动起来,悬浮起槽底沉渣,钻进过程每 3 h 左右进行一次槽内泥浆冲孔循环。

(2)充分利用夜班时间,采用气举法循环槽内泥浆。气举反循环法:清孔时,将排渣管下入孔内,排渣管底口距离孔底 50～100 cm,启动空压机,孔底浆渣被泵吸出孔外至泥浆净化系统,被净化后的泥浆流回槽孔内。每个施工的槽段,在夜班停工期间进行一次排渣清孔。

(3)在有条件的位置建立固定的除渣系统,包括振动筛、送浆回浆管路、沉淀池、弃渣坑,钻进过程采用双泵法进行循环除渣,示意如图 7.2 所示。

(4)采用 CZ-6 型半自动化的冲击钻机施工时,特殊情况采用抽桶法加强除渣效果,由装载机装运至弃渣池,再用水冲洗处理。这种方法除渣效果好,但除渣的后续处理会造成很多废浆,在城市施工时废浆处理较麻烦且成本较大,建议慎用。

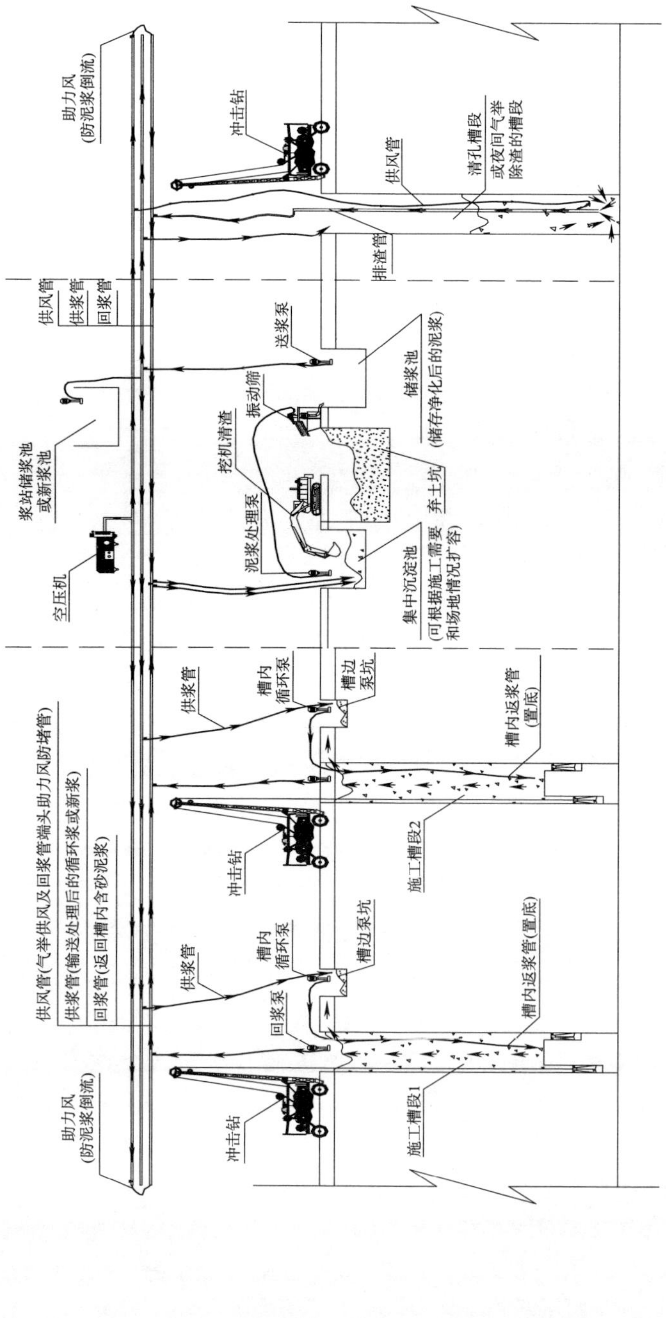

(a)泵送除渣　(b)泥浆处理与除渣　(c)气举除渣

图 7.2　泥浆循环与集中除渣系统示意图

(5)采用底部压缩空气循环沉渣的方式配合钻机成槽,解决槽内泥浆循环问题,避免钻头重复破碎钻渣导致的无效进尺,提高工效。一般孔底风压 0.3～0.8 MPa。该法悬渣效果好,但风力对上部覆盖层槽壁的影响较大,一般会造成超方系数较大,且存在塌孔的风险,覆盖层含有砂层、淤泥质层或覆盖层厚度较大时不宜使用。

7.3　气举清孔技术

7.3.1　地连墙清孔常用方法

地下连续墙清孔是指将槽孔内泥浆中悬浮的钻渣、砂粒、碎石等杂物通过抽取、沉淀或泥浆分离等方式分离出来,并将槽孔内不合格的浆液置换成合格的浆液。根据泥浆的使用方法不同,清孔方法大致可分为静止和循环两种方式,如图 7.3 所示。静止方式常用的有两种,一种是抽桶出渣法,另一种是抓斗捞渣法;循环方式按孔内泥浆流动的方向不同可分为正循环和反循环,其中反循环按抽吸泥浆的设备和原理不同,又可分为泵吸法反循环、气举法反循环和射流反循环三种方式。

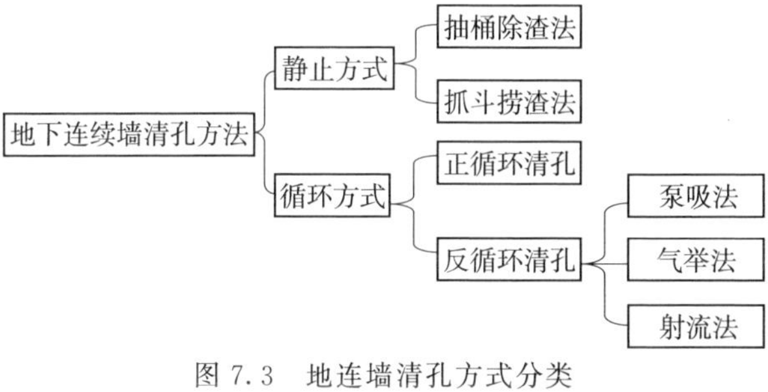

图 7.3　地连墙清孔方式分类

1. 抽桶除渣法

冲击式钻机在成孔过程中常用抽桶除渣法。这种方法设备简易,只需要制作一个抽桶,而且操作简便,能迅速抽出孔内钻渣,改善孔内泥浆性能,提高钻孔效率。但是由于其清孔效率较低,泥浆消耗量大，使用有局限性，且需要较大的沉渣池，对场地污染严重，对于城市施工适应性不强。

2. 抓斗捞渣法

抓斗捞渣法只适用于纯抓斗成槽的地下连续墙清孔施工。抓斗捞渣法是成槽后让槽孔内泥浆静止，待泥浆中大量钻渣沉淀于孔底后，再用抓斗进行捞取排除槽孔内泥渣。这种方法能快速将大量沉渣清除出孔外，但是不能将泥浆中悬浮的细小颗粒清除，而且达不到换浆的效果。

3. 正循环清孔

正循环清孔是通过泥浆泵将优质的泥浆经过泥浆管或导管输送到孔底，将带有钻渣的泥浆置换出来，并通过沉渣池或泥浆分离器将钻渣分离出来，再把好的泥浆循环回槽孔中。这种方法清孔速度慢，对泥浆性能的依赖性较大，受施工场地的限制。

4. 泵吸法

泵吸排渣法是用设置在地面的砂石泵通过排渣管将孔底的泥渣吸出，经泥浆净化系统除去泥渣，再返回到槽内使用。当孔深较浅或槽孔内已下设钢筋笼时，可采用潜水泵排渣。

5. 气举清孔法

气举法清孔的原理是借助气举排渣器将液气混合，利用密度差来升扬排除孔底的泥浆和沉渣，经泥浆净化系统除去泥渣，再返回到槽孔内使用，以达到清孔换浆的目的。压缩空气从风管进入混合器，在排渣管内形成一种密度小于管外泥浆的液气混合物，在管内外液体压力差和压缩空气动能的联合作用下沿着排渣管上升，从而使孔内泥浆携带孔底沉渣跟随上升，通过泥浆分离系统，最终排出孔外。排渣管底端距离沉渣面宜为 0.2～0.3 m。

7.3.2 气举法清孔技术

1. 机具准备

气举法清孔投入设备主要有：空气压缩机 1 台，一般选用最大排气量 6～7 m^3/min、额定排气压力 0.6～0.8 MPa 的空压机；泥浆净化机 1 台，本项目采用的是黑旋风 Z-200 型振动筛；送风管，外径 1.5″软管，长度根据空压机清孔覆盖范围和深度决定；排渣管，采用管径 3″～6″钢制管（一般根据所配备的空压机排气压力而定），风管与排渣管接头为三通形式，出浆口外径和清孔管相同；回浆管；其他辅助设备。

2. 气举清孔

将回浆管和送风管下设到槽孔，在吊车的辅助下，孔口采用专用固定架，排渣管每根之间用配套胶垫密封、螺丝连接，待空压机、泥浆净化机就位，对各种管线进行检查，若均正常工作，即可开始清孔。

3. 操作要点及注意事项

（1）气举反循环排浆管内泥浆上返速度快，必须保证孔内泥浆液面的稳定，并能得到及时补充，否则容易造成塌孔。

（2）排浆管要按距孔底 30～50 cm 配置，风管应有一定余量。当孔底泥浆比重过大，初始送气时应将排浆管提起一定高度，排浆管内返浆时再徐徐下放，直至距孔底 20～30 cm，直至上返的泥浆符合要求时，停止空压机，量测孔底沉渣厚度满足要求时，拔出排浆管，拆除清孔三通后立即下设导管进行混凝土浇筑。

（3）槽段清孔时应先从相对较浅的孔开始，逐渐向深孔进行，回浆管在孔底一般每隔 5～10 min 移动 50 cm 左右，技术人员及时检测回浆管泥浆性能指标，待泥浆净化机基本不出砂，回浆管泥浆性能符合验收标准后，方可结束清孔。在清孔结束 1 h 后从孔底 0.5 m 处取出泥浆进行检测，满足质量标准，方可认为清孔完成。

（4）针对本项目特点，中砂和黏泥较多，沉渣厚，以及在接头孔施工中杂物较多，在清孔过程中极易造成堵管现象，反复卸装回浆管、风管、排渣管耗费大量的工时，严重影响清孔效率。经现场试验，在传统回浆管底部长度 50 cm 范围内打设 6 排、每排 4 个 ϕ10 孔，可以有效避免回浆管底部插入沉渣造成的堵管，当回浆管底部被堵时，上部小孔也可进行排浆清除槽孔底部沉渣，沉渣越来越少自然不再堵管,应注意打孔长度不宜过长,否则相对管底上部的泥浆不断进入回浆管反而不利于孔底沉渣的清除。另一种办法是在回浆管顶部加装一个蝶阀,当下部被堵时,关闭上部蝶阀使气体顺回浆管向下冲开堵管沉渣,应注意该法在较稳定地层下使用。

4. 效果分析

(1)气举法清孔的效率与淹没比、风压、风量和空气提升器的形式有关。淹没比大、风压高、风量大,则清孔效率高。风管安装的形式有并列式和同心式,并列式优于同心式。混合器淹没深度一般不得超过空气压缩机的额定风压。孔深 30 m 以内,泵吸反循环法清孔效率优于气举反循环法;孔深超过 30 m 时,气举反循环法优于泵吸反循环法。但孔深 10 m 以内,气举法清孔效果很差,不宜采用。孔深超过 50 m 后,一般不加长风管,而采用加长尾管的办法。

(2)气举反循环清孔法与抓斗捞渣法配合使用清孔效率更高,清孔效果更好。

(3)采用气举法清孔的速度快,提高了劳动生产率,缩短了工期,直接降低了工程施工成本。

(4)泥浆排放量减少,过滤后的泥浆可重复使用,减少了对施工场地的污染,降低了清运费用。

7.4 试笼检测技术

7.4.1 试笼检测

1. 试笼检测的意义

对于深厚坚硬基岩槽段,均需采用冲击钻施工,主、副孔施工完毕后,利用方钻平底。由于存在孔斜等因素,即便采用方钻平底,也不能保证两侧无小墙。在 Z 型、L 型等异形槽的拐角部位,如外放量不足或钻孔偏斜,也可能出现底部处理不到位的情况。上述两种情况,均可能导致钢筋笼不能下设到位。因此,为保证钢筋笼一次性下设成功,减少质量事故,预先对槽段进行检查是必不可少的。采用宽度及厚度与钢筋笼尺寸一样的试笼预下设，可有效探明槽内情况，发现问题所在，及时进行处理。

2. 试笼制作

下设试笼的目的就是为了检验槽孔情况，保证钢筋笼下设成功，所以试笼尺寸与要下设的钢筋笼厚度和宽度相同。

幅长400 cm/600 cm标准段槽段（双雌、双雄、雌雄）试笼如图7.4－1～图7.4－3所示，异形槽段按其形态加工，雌雄槽段Z型试笼如图7.4－4所示。

3. 试笼下设

（1）试笼下设前，用钢丝绳固定在吊点上，吊点位置应对称布置，钢丝绳长度要一致，防止起吊后试笼中心偏移，试笼下设过程中不竖直。

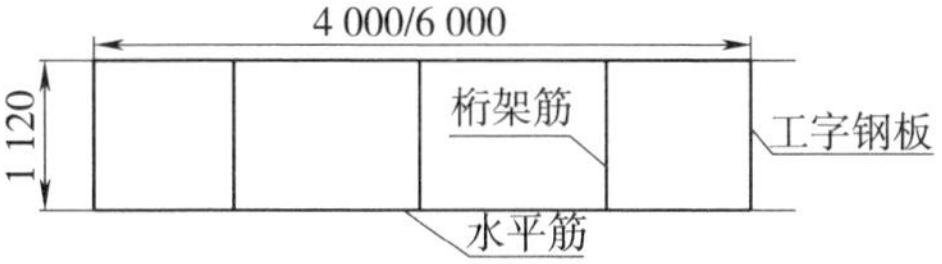

（a）双雌试笼正面图

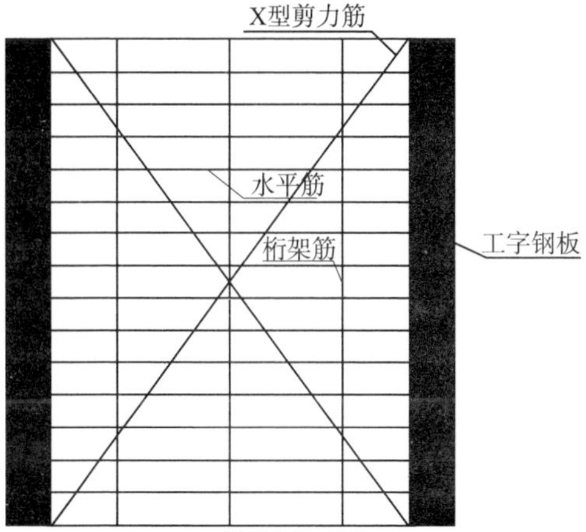

（b）双雌试笼平面图

图7.4－1　双雌槽段试笼示意图（单位：mm）

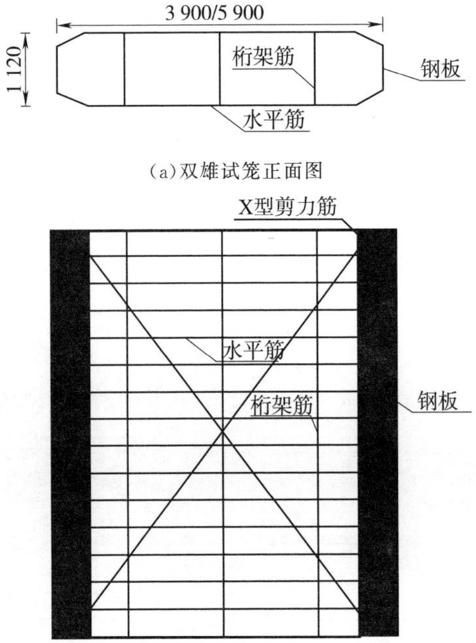

(a)双雄试笼正面图

(b)双雄试笼平面图

图 7.4-2　双雄槽段试笼示意图(单位:mm)

(2)试笼下设过程中槽段分幅处及中心做好标记,试笼对准中心下设。

(3)下设过程中,测绳绑在试笼上,下设过程中及时注意深度变化,试笼下设成功后提起试笼,进入下一道工序。如果下设不成功,根据下设情况进行分析,然后处理,处理完毕后下设试笼再次进行检查。

7.4.2　试笼检测与其他检测方法的比较

检验槽孔质量的方法除试笼检测外,施工中常用的还有重锤法、超声波检测法等,每种方法都有自身的优缺点。

1. 重锤法

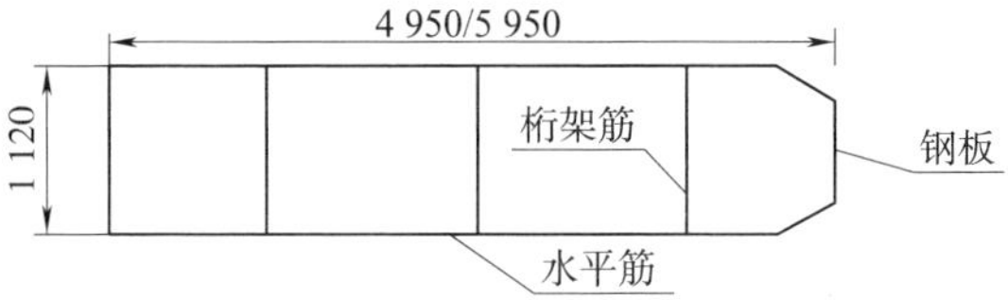

(a)雌雄试笼正面图

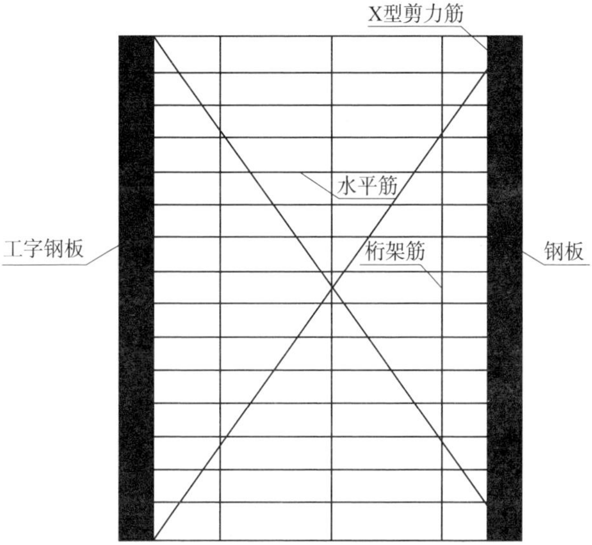

(b)雌雄试笼平面图

图 7.4-3　雌雄槽段试笼示意图(单位:mm)

(1)原理:重锤法是根据钻具的重力原理,通过测量连接钻具的钢丝绳偏移距离计算垂直度的方法。

(2)方法:通过在孔口架设十字架,测量钢丝绳在平行墙体和垂直墙体的偏移量,然后换算孔底偏移量计算孔斜率。沿轴线方向每隔一定距离设一个测点,每个测点从孔口至孔底每 2 m 测量一个数值。整个槽段测量完毕后,根据计算结果判断槽孔合格与否。

(3)优缺点

优点:重锤法检验槽孔可单孔随时进行检验,简单方便,成槽后

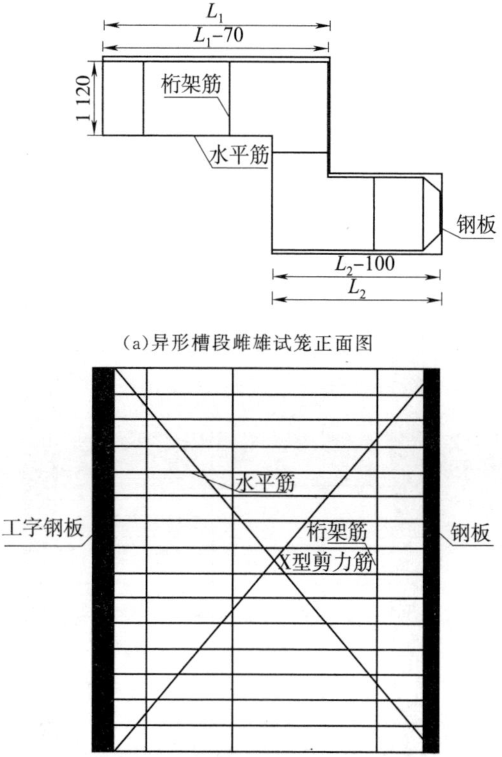

(a)异形槽段雌雄试笼正面图

(b)异形槽段雌雄试笼平面图

图 7.4-4　异形槽段试笼示意图(单位:mm)

也可整体检验槽段情况,其主要用于地连墙成槽过程中孔斜控制。

缺点:重锤法能检验出槽段的整体垂直度,但由于测点和测面的不连续性,对于存在小墙的情况无法检测,而且测量精度不高。

2. 超声波检测法

超声波检测法是利用探头的回声原理,检验槽壁的实际情况,通过数据采集反映在界面上。

优点:能直观地反映测点竖直方向的孔壁情况,包括孔壁垂直度、槽壁平整情况、塌孔及突出情况。

缺点:对测量孔内泥浆性能要求高,泥浆黏稠情况下测量数据不准确;施工过程中测量不方便;测量只反映测量截面的孔内情况,不能反映面的情况;由于测量密度的问题,可能存在漏检现象。

3. 试笼

试笼检验是根据钢筋笼尺寸,制作出宽度、厚度等尺寸相同的,具有一定长度和重量的钢筋试笼来检验槽内情况的一种方式。

优点:由于其尺寸与钢筋笼尺寸相当,能从孔口至孔底全面检查槽内是否存在小墙,并能检查槽孔整体孔斜偏移情况。经过试笼下设成功的槽段,钢筋笼可顺利下设。

缺点:不能随时检查槽内情况,只能在槽段终孔后下设。

4. 比较结果

通过比较分析,重锤法及超声波检测法可在成槽施工过程中发挥作用,做到过程控制;试笼检测可在每幅槽段成槽后进行检验,保证钢筋笼一次性顺利下设。这几种方法相辅相成。

7.5　接头施工技术

7.5.1　地连墙接头种类

地下连续墙由各单元墙段连接而成,每两个单元墙之间的连接称为地下连续墙接头。它既是整个墙体的薄弱环节,又不可避免。如果连接不好,就有可能产生集中渗漏,降低防渗效果,不利于墙体连接的整体性和完整性。墙段接头连接的基本要求是接触紧密、渗径较长和整体性较好。墙段接头的施工是地下连续墙施工的关键环节。

按施工方法不同,墙段连接可分为平接法接头、钻凿法接头、接头管接头、隔板法、接头箱法接头、型钢接头、铣削接头及改进接头凹凸型预制钢筋混凝土楔形接头桩等。不同连接方法,其结构形式、难易程度、连接效果、造价和适用条件各不相同。墙段连接形式及施工方法的选择对于成墙效果、工程造价和工期都至关重要。

1. 平接法接头

平接法是地下连续墙最初使用的墙段连接形式，这种连接形式施工简单，但不利于防渗和剪力的传递，只适用于要求不高的临时性工程。常见的几种平接形式如图 7.5－1 所示。

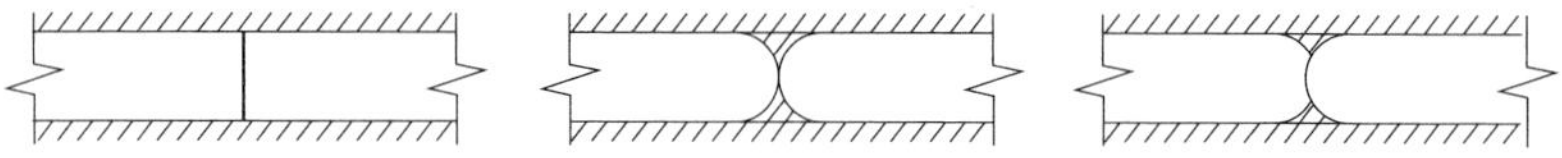

(a)平面接缝　(b)圆弧相切　(c)局部搭接

图 7.5－1　墙段平接形式

2. 钻凿法接头

钻凿法即施工二序墙段时在一序墙段两端套打一钻的连接方法，其接缝呈半圆弧形，一般要求接头处的墙厚不小于设计墙厚。此方法的优点是结构简单、施工简便，对地层和孔深的适应性较强，造价较低；其缺点是接头处的刚度较低、需重复钻凿接头孔、费工费时、浪费墙体材料，特别是孔形、孔斜不易控制。当墙体材料抗压强度超过 15 MPa 时，应采取措施控制墙体材料的早期强度。

3. 接头管连接

接头管连接是国内外迄今使用最多的一种非刚性接头形式，其优点是用钢量少、造价低，但一次性投入较多，对起吊设备及时间控制要求较高，且存在整体刚度和渗漏问题。

4. 接头箱连接

接头箱是在接头管旁再附一个敞口接头箱，可使两相邻槽段的水平钢筋搭接，变成刚性接头。

5. 隔板接头

隔板是用钢板作为单元槽段浇筑混凝土的堵头，这种接头既可以使钢筋在接头保持连续，也可以不连续(非刚性接头)，可根据设计要求和施工条件而定。

6. 型钢接头

型钢法墙段连接是将各种形状的钢制堵头焊接在钢筋笼的两端

一同下入孔内形成刚性接头。常用的型钢有工字钢和V形钢。这种接头的刚性较大,接缝也比较紧密。型钢既是承受垂直方向的力矩与水平剪力的主要构件,也是两槽段之间的结合构件。型钢法一般都需要采用焊接防绕流铁皮的方法防止混凝土绕流,如图7.5-2所示。

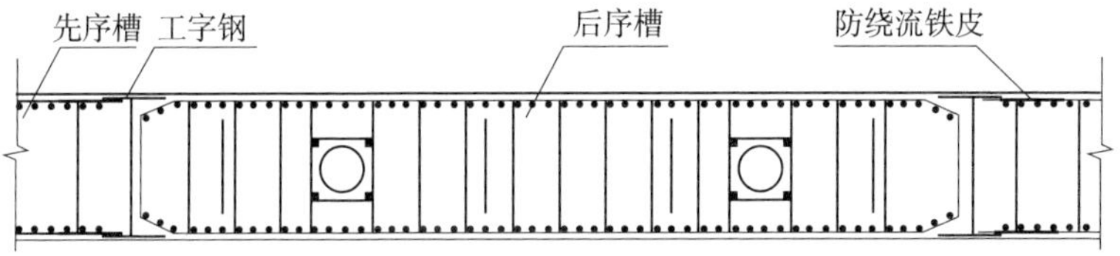

图7.5-2 工字钢板接头

7. 凹凸型预制钢筋混凝土楔形桩接头

凹凸型预制钢筋混凝土楔形桩接头是在预制厂进行预制加工后运至现场。由于预制接头无需拔出,简化了施工流程,提高了工效。

凹凸型楔形接头的优点:①渗流途径长,折点多、抗渗性能好;②凹凸型楔形接头使平面外抗剪能力得到较大的提高;③施工难度小,操作方便,易保证质量。

8. 铣削接头

铣削法墙段连接适用于采用双轮液压铣槽机造孔的地连墙工程。在两个一期墙段之间留出比铣槽机长度略小的位置作为二期槽孔,该槽孔铣槽施工时,同时将两端已浇筑混凝土的一期墙段的端部铣去10～20 cm,形成接头。

7.5.2 工字钢板接头施工工艺

工字钢接头施工工艺如图7.5-3所示,具体如下:①利用钢板焊接成工字钢形状,并在现场与先施工墙段钢筋笼端部横向钢筋焊接连成整体;②采用在工字钢上焊接防绕流铁皮和在二期槽侧填充泡沫板,或待钢筋笼下设完毕后在二期槽侧回填砂袋等办法,防止混凝土绕流到型钢背后；③浇筑一期槽孔混凝土；④待混凝土凝固后，进行接头孔施工，清除型钢背后的回填物及可能存在的绕流混凝土；⑤进行二期墙段成孔施工；⑥待二期槽段成槽以后进行接头刷洗，清除工字钢表面附着的残留物；⑦进行二期槽浇筑，将工字钢埋设在两期墙段之间。

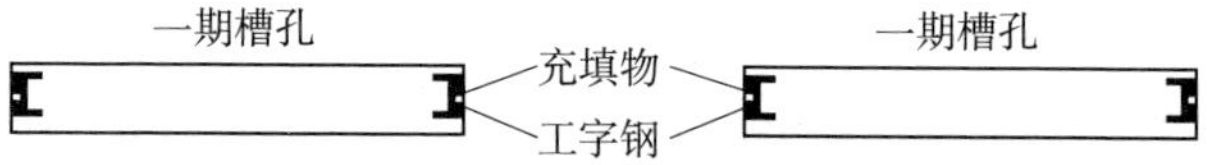

(a)在一期槽孔中下设工字钢接头

(b)浇筑一期槽孔

(c)二期槽孔造孔

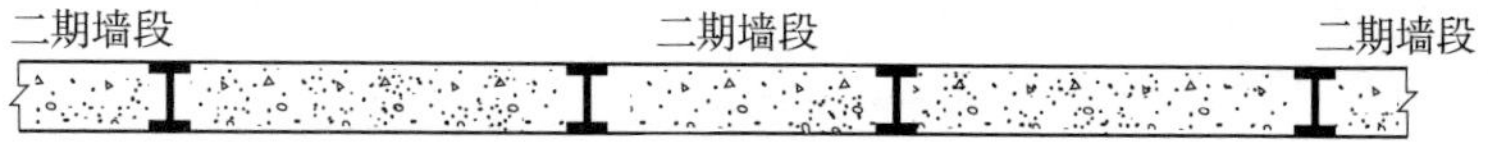

(d)二期槽孔浇筑混凝土

图 7.5-3　工字钢接头法施工示意图

7.5.3　工字钢接头填充物选择

工字钢接头一般都采用防绕流铁皮和接头填充的方法防止混凝土绕流，接头填充物一般有接头箱、编织袋装土和泡沫三种。

1. 接头箱填充

接头箱一般加工成分体式，一则可减轻其自重，二则可减小其与混凝土和土体之间的摩擦力。堵头钢板的两端设封头铁皮以减少混凝土的绕流，每节接头箱长 5～10 m，接头箱之间采用锁销连接，接头箱起拔采用 YBJ-1200 型液压拔管机。

(1)接头箱填充过程

①将带有工字钢的一期槽钢筋笼成功下设到槽孔中。

②将准备好的接头箱依次下设到工字钢的二期槽侧。

③一期槽浇筑混凝土。

④混凝土浇筑完毕 3～5 h(具体应根据现场试验确定),开始活动拔管机,活动范围 5～10 cm,以后每 15～20 min 活动一次。混凝土初凝后正常起拔。

⑤正常起拔过程中,根据已浇筑混凝土的龄期做到勤拔少拔、轻轻顶拔和回落,每次顶拔 100 mm 左右,最后根据槽顶混凝土状态全部拔出。一般应在混凝土浇筑完毕 8 h 内全部拔出。

(2)接头箱下设注意事项

①接头箱下设之前,应拼接检测同轴度。

②应确保槽段端部垂直度,接头箱下设时应平稳、垂直放至槽底,操作不宜过快。

③在底节接头箱密封盖必须盖严,防止混凝土进入管内。

④拔管架必须水平放置。

(3)接头箱填充优缺点

这种下设接头箱填充接头的方法优点是接头箱本身可重复利用,节省了材料成本;绕流的混凝土不容易进入工字钢两翼之间,便于二期槽接头孔的施工。但是缺点也十分明显,一是对于一期槽钢筋笼下设的垂直度,孔位、轴线的吻合度要求都非常高,否则会直接影响接头箱的顺利下设;二是接头箱下设时间长,直接影响了一期槽的最佳浇筑时间;三是起拔困难,由于两侧工字钢受混凝土侧压力的影响,可能会造成工字钢位置偏移甚至工字钢变形,导致接头箱无法起拔;四是接头箱体积大,尤其在城市施工中,场地狭小不利于存放。

2. 编织袋装土填充

(1)编织袋装土填充工艺

①在下设一期槽钢筋笼前,根据接头孔间隙的大小计算出所需

砂袋的体积，提前准备好足够量的回填砂袋。

②待钢筋笼下设完成后，在工字钢两侧均匀地回填砂袋、捣实，并用测绳随时监测两侧砂袋的回填深度，保证两侧回填深度基本一致。

③保证回填砂袋的深度高于槽孔内混凝土面的深度，并逐步填满接头，直至混凝土浇筑完毕。

④回填时在槽口用模板覆盖或隔离，防止砂袋掉入钢筋笼内。每回填 2 m 左右采用预制的方形重锤夯实密实，不得留有大量空洞。

(2)编织袋装土填充缺点

虽然材料成本低，防绕流效果也很好，但是装砂袋和回填砂袋耗费大量的工时；其回填速度直接制约着一期槽混凝土的浇筑速度，对于一期槽混凝土的浇筑质量有不良的影响；大量的编织袋杂物回填到接头孔中，当二期槽清孔、泥浆循环时极易造成堵管，给二期槽施工带来了困难。

3. 泡沫板填充

泡沫填充是在钢筋笼拼装预制时，将定制的泡沫板用铅丝、绑扎带、木板、竹杆等材料绑在工字钢外侧进行填充，下设时与钢筋笼一起下设到槽内。每节泡沫间应注意要留出一定的间隙，防止下设过程浮力叠加后浮力过大导致泡沫松掉而浮起。

泡沫填充既规避了接头箱法和回填砂袋法耗费大量人工、工时的弊端，又对接头防绕流起到了非常理想的效果，同时又降低了二期槽接头孔施工的难度，更有利于保证接头孔的垂直度，对于墙段连接的整体性和防渗效果都有积极的作用。其缺点就是材料成本较高；泡沫浮力较大，易造成钢筋笼下设困难、上浮。

(1)泡沫填充工艺

①准备材料(一定尺寸的泡沫板，铁皮包装带、小木板、竹竿、铅丝等辅助材料)。

②在加工好的钢筋笼工字钢二期槽两侧，用小木板、竹竿、铁皮

包装带将泡沫板绑扎牢固,如图 7.5－4 所示。

③下设绑扎好泡沫板的钢筋笼。

④一期槽浇筑混凝土。

⑤二期槽接头孔施工。

图 7.5－4　泡沫板绑扎示意图

(2)绑扎泡沫板法需要特别注意的事项

①由于泡沫具有较大浮力,故绑扎时需首先计算整个泡沫的浮力是否大于笼体的重量,确保钢筋笼顺利下设。

②在一期带有工字钢的钢筋笼下放过程中，未绑扎牢固的泡沫板受到较大的浮力，在连续墙槽壁内遇有障碍时上冲浮起，即使后面回填大量砂袋也难以密实，存在混凝土绕流的空间,故泡沫板必须绑扎牢固。

③对于两侧均有工字钢与泡沫板的槽段,钢筋笼两侧浮力相等,钢筋笼整体安放较为容易。对于连接槽段,只单侧有工字钢与泡沫板,钢筋笼安放时易造成偏斜,所以对连接槽段的钢筋笼吊点要综合考虑,使钢筋笼安放位置准确。

④后续槽段施工中泡沫板必须完全处理干净,否则将造成墙体内"夹心"而形成渗漏通道,进而造成质量事故。

4. 不同填充方式比较

以上三种接头施工方式,编织袋装土填充效果较好,能解决混凝土绕渗问题,但需耗费大量人力往编织袋中装土,回填时必须采用专用机具夯实;泡沫板直接绑扎在钢筋笼上,节约了钢筋笼下设时间,但其绑扎工艺要求较高,否则容易出现泡沫崩裂现象;接头箱在钢筋笼下设完毕后单独下设,但其速度远快于填袋装土。相比之下,接头箱填充要优于编织袋装土填充和泡沫板填充。

第 8 章　废弃泥浆泥水分离技术

8.1　废弃泥浆组分及理化性质测试分析

8.1.1　黏土泥浆

1. 泥浆基本性质

经实验室分析，黏土泥浆的相关理化指标见表 8.1－1。该泥浆含水率较大，近 80%；相对密度比其他泥浆较小；黏度较大，无法通过重力沉降达到泥水分离的目的；泥浆 pH 偏高，呈碱性。

表 8.1－1　黏土泥浆理化特性

相对密度 (g/cm^3)	胶体率 (%)	pH	含水率 (%)	黏度 (s)	沉速 (mm/min)
1.07	65	10.8	78	12.06	0.56

(1)重力沉降试验

在实验室条件下对该泥浆进行了重力沉降试验，试验结果见表 8.1－2。试验过程：将泥浆充分搅拌均匀后，取 500 mL 置于 500 mL 量筒中，静置一段时间后撇去上清液，每 50 mL 取样测量含固率，并与原液含固率进行比较。

表 8.1－2　重力沉降含固率变化

深度(mL) \ 时间	30 min	1 h	2 h	3 h
50	−0.02%	−0.04%	−0.07%	−0.08%
100	0.01%	−0.02%	−0.05%	−0.06%
150	0.04%	0.16%	0.22%	0.27%
200	0.16%	0.42%	0.81%	0.88%

续上表

时间 深度(mL)	30 min	1 h	2 h	3 h
250	0.31%	0.66%	0.91%	1.15%
300	0.63%	0.86%	1.45%	1.62%
350	0.72%	1.42%	1.67%	1.81%
400	0.79%	1.22%	1.78%	1.92%
450	1.05%	1.79%	2.42%	2.61%
500	2.23%	3.08%	4.09%	4.26%

由试验结果可知,静置一段时间后,不同深度的泥浆含固率有一定变化,时间越长,深度越深,含固率增加越多。数据显示含固率增加最多仅为4.26%,远远达不到泥浆脱水的要求。由于固相颗粒细微,液相黏度大,泥浆处理量大,重力条件下难以完成废弃泥浆的固液两相分离,因此重力沉降方法进行泥浆脱水不可取,需添加絮凝剂使细微颗粒凝聚成大颗粒,从而进行固液分离达到处理目的。

(2)泥浆粒度分析

采用马尔文2000激光粒度仪对泥浆颗粒的构成做了分析测定,测定结果如图8.1-1所示。

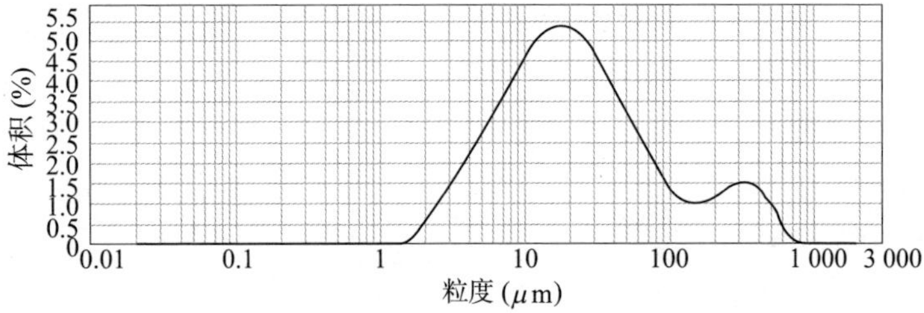

图 8.1-1 黏土泥浆粒度分布

由图8.1-1可以看出,黏土泥浆的颗粒粒径主要分布在两部分,第一部分集中在15 μm以下,第二部分集中在15~100 μm左右。整体颗粒粒径较细,粒径在100 μm以下的颗粒占到86.63%。部分颗粒可以采用静置分离去除(大于15 μm),还有一部分泥浆静置沉淀是去除不了的小颗粒，需要加入使泥浆微小颗粒能发生絮凝的物质，从而使得泥浆达到泥水分离的目的。

2. 上清液达标分析

试验测定了适宜加药量条件下泥浆固液分离后上清液的COD、SS、pH，结果见表8.1-3。

表8.1-3　处理前后泥浆上清液的指标及标准

指　　标	絮凝前	絮凝后	污水排放标准
COD(mg/L)	52.22	226.37	300
SS(mg/L)	88	90	300
pH	10.8	9.1	9.5

注：污水排放标准指《污水排入城镇下水道水质标准》(CJ 343—2010)。

由表8.1-3试验结果可知：在泥浆絮凝分离后，上清液的COD明显增加，这是因为加入的有机絮凝剂为高分子有机聚合物，对水质产生了影响；SS在絮凝前后变化不大；pH在絮凝前略有下降，也基本满足排放要求。

8.1.2　膨润土泥浆

1. 泥浆基本性质

深圳地铁7号线福邻站及华强北站围护结构中泥浆属于膨润土泥浆，如图8.1-2、图8.1-3所示，福邻站的泥浆呈黄褐色，华强北站的泥浆呈棕色，颗粒均比较小，含水率都比较高。

图8.1-2　福邻站泥浆

图 8.1-3　华强北站泥浆

经实验室分析，泥浆的主要理化特性见表 8.1-4。由试验数据可以看出：福邻站及华强北站泥浆均为弱碱性，含水率较高，约 70%～80%；相对密度有所差异，华强北站的泥浆密度大于福邻站，泥浆黏度也较大，均无法通过自然沉降来达到固液分离的目的。

表 8.1-4　膨润土泥浆理化特性

理化性质 / 站别	相对密度 (g/cm^3)	胶体率 (%)	pH	含水率 (%)	黏度 (s)	沉速 (mm/min)
福邻站	1.18	35.4	9.28	81	11.59	0.064
华强北站	1.45	23.5	7.39	70.4	12.64	0.081

(1)重力沉降试验

在其他影响因素均不变的情况下，颗粒大的砂石沉降速度更快，在静置一段时间后较大颗粒的砂石颗粒将率先沉淀到底部，从而改变泥浆的局部含固率。如果能够通过重力沉降的方法来实现泥浆分离，将大大减少泥浆脱水的费用支出，进而减轻经济负担，所以需要对重力沉降下泥浆局部含固率变化进行试验。

试验中取福邻站废弃泥浆，首先将泥浆充分搅拌均匀，随后取 500 mL 置于 500 mL 量筒中，放置一定时间后，每 50 mL 取样测定含固率，并且和原液的含固率进行比较。试验情况见表 8.1-5。

表 8.1-5　福邻站泥浆重力沉降含固率变化

深度(mL)＼时间	30 min	1 h	2 h	3 h
50	−0.01%	−0.03%	−0.05%	−0.06%
100	0.02%	−0.01%	−0.03%	−0.04%
150	0.03%	0.12%	0.16%	0.17%
200	0.15%	0.36%	0.77%	0.82%
250	0.25%	0.59%	0.96%	1.03%
300	0.52%	0.88%	1.26%	1.32%
350	0.65%	1.25%	1.59%	1.66%
400	0.88%	1.39%	1.78%	1.89%
450	1.21%	1.96%	2.33%	2.51%
500	1.55%	2.61%	3.42%	3.55%

通过试验结果可得，放置一定时间之后，不同深度处的泥浆含固率有一定的变化，含固率随着时间和深度的增加而增加。数据显示含固率增加最多仅为 3.55%，远远达不到泥浆脱水的要求。由于固相颗粒细微，液相黏度大，泥浆处理量大，重力条件下难以完成废弃泥浆的固液两相分离，因此重力沉降方法进行泥浆脱水不可取，需添加絮凝剂使细微颗粒凝聚成大颗粒，从而进行固液分离达到处理目的。

(2)泥浆粒度分析

泥浆粒径大小是影响其沉降特性的重要因素，本研究中采用马尔文 2000 激光粒度仪对泥浆颗粒的构成做了分析测定，测定结果如图 8.1-4 和图 8.1-5 所示。

由图 8.1-4 可以看出：福邻站地铁泥浆的颗粒粒径主要分布在两部分，第一部分集中在 15 μm 以下，第二部分集中在 200 μm 以上；颗粒粒径分布跨度较大，15 μm 以下细微颗粒仍占到较大部分，达到 36.43%。由图 8.1-5 可以看出：华强北站地铁泥浆的颗粒粒径主要分布在两部分,第一部分集中在 15 μm 以下,第二部分集中在 15～100 μm;整体颗粒粒径较细,粒径在 100 μm 以下的颗粒占到 87.39%。两个站点泥浆中,部分颗粒可以采用静置分离去除(大于 15 μm),还有一部分泥浆静置沉淀是去除不了的小颗粒。在后续泥浆的处理中,需要加入使泥浆微小颗粒能发生絮凝的物质,从而使得泥浆达到泥水分离的目的。

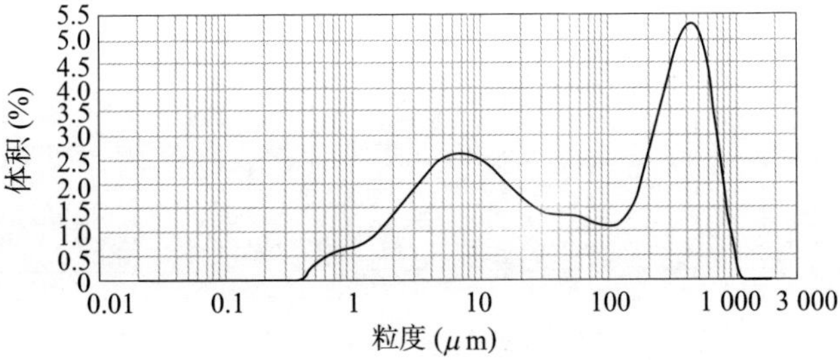

图 8.1-4 福邻站泥浆粒度分布

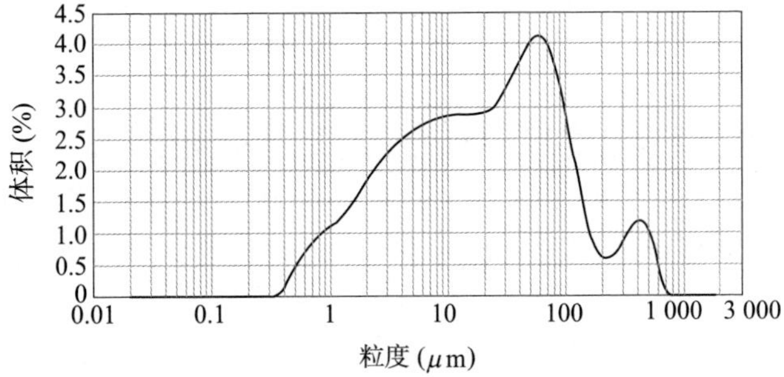

图 8.1-5 华强北站泥浆粒度分布

2. 上清液达标分析

通过对上清液理化性质的测定,分析絮凝方法对上清液组分的影响,同时确定上清液是否满足污水排放标准,从而达标排放。处理前后泥浆上清液的各项理化指标及标准见表 8.1-6。

表 8.1-6　处理前后泥浆上清液的各项理化指标及标准

指　　标	絮凝前泥浆上清液	絮凝后泥浆上清液	污水排放标准
pH	9.08	9.05	6.5～9.5
TN(mg/L)	7.95	13.83	45[c],70[b]
TP(mg/L)	0.030	0.054	5[c],8[b]
硬度(mg/L)	105	107	—
硫酸盐(mg/L)	382	386	600
COD(mg/L)	46	202	300[c],500[b]
SS(mg/L)	72	75	300[c],400[b]

注:污水排放标准指《污水排入城镇下水道水质标准》(CJ 343—2010)。根据城镇下水道末端污水处理厂的处理程度,将控制项目限值分为 A、B、C 三个等级。

[a]下水道末端污水处理厂采用再生处理时,排入城镇下水道的污水水质应符合 A 等级的规定。

[b]下水道末端污水处理厂采用二级处理时,排入城镇下水道的污水水质应符合 B 等级的规定。

[c]下水道末端污水处理厂采用一级处理时,排入城镇下水道的污水水质应符合 C 等级的规定。

下水道末端无污水处理设施时,排入城镇下水道的污水不得低于 C 等级的要求。絮凝前后泥浆上清液中各项指标除 COD 外变化均不大。絮凝之后上清液 COD 明显升高,是因为加入了高分子有机絮凝剂,这说明有机絮凝剂对上清液有明显影响。

8.2　新型泥浆絮凝剂研发

8.2.1　BT-7-XAUT 泥浆絮凝剂组成与原理

BT-7-XAUT 泥浆絮凝剂是一种含有天然矿物组分的复合絮凝剂,主要成分包括高岭土、珊瑚石、硅藻土及石膏,无机组分为粉煤灰,有机组分为聚丙烯酰胺类有机絮凝剂,有阳离子型、阴离子型和非离子型。各组分按照重量百分比构成,分别为天然矿物组分占 55%～85%,无机组分占 5%～25%,有机组分占 5%～20%。

BT-7-XAUT 泥浆絮凝剂如图 8.2 所示，其絮凝原理是天然矿物粉末在离子的加水分解过程中生成具有高电化学特性的多核羟基金属络合盐类，这些物质通过离子间的吸附—架桥产生二次结合，形成聚合物。无机组分粉煤灰作为诱发剂是产生电荷的物质，在泥浆中产生的正电荷可中和带有负电荷的反应粒子——泥浆细小颗粒。泥浆胶体粒子多数带负电荷，互相之间排斥，使得胶体稳定性好。加入絮凝剂后在泥浆中电解出正电荷的粒子，与胶体产生电中和效应，胶体之间斥力作用消失，形成大颗粒而沉降。主要针对泥浆中各类不溶物质，絮凝形成的矾花稳定密实，搅拌不易破坏，形成的泥浆絮体含水率大大降低，能够有效将施工废弃泥浆进行泥水分离，大大降低处理成本，降低二次污染。

图 8.2　絮凝剂粉末

8.2.2　泥浆絮凝剂制备

BT-7-XAUT 泥浆絮凝剂是一种高效的复合絮凝剂，其主要根据泥浆自身的特性进行优化制备，制备主要步骤包括以下三点：

(1)按质量百分比例称取各组分，其中高岭土 20%～27%，珊瑚石 14%～34%，硅藻土 6%～22%，石膏 6%～17%，粉煤灰 2%～14%，高炉渣 4%～9%，阴离子型的聚丙烯酰胺 6%～20%。

(2)将第一步中的高岭土、珊瑚石、硅藻土和石膏、粉煤灰和高炉渣分别进行精细研磨筛分，得到粒径不大于 48 μm 的粉末。

(3)将第二步中筛分得到的粉末与第一步中称取的聚丙烯酰胺充分混合,得到处理废弃泥浆的絮凝剂。

该类型絮凝剂中,高岭土(主要成分 $2SiO_2 \cdot Al_2O_3 \cdot 2H_2O$)是由高岭石、地开石、珍珠石、埃洛石等高岭石簇矿物组成,主要矿物成分是高岭石。高岭土有一定的吸附性能,在水体中可形成含铝和含硅的胶体,吸附泥浆颗粒后易于沉淀。

珊瑚石主要成分是石灰质,即含钙盐类,在水体中可以促进泥浆小分子沉淀。

硅藻土是一种生物成因的硅质沉积岩,主要由古代硅藻的遗骸所组成。硅藻土的化学成分主要是 SiO_2,含有少量的 Al_2O_3、Fe_2O_3、CaO、MgO 和有机质。硅藻土在水体中也可以形成铝盐和铁盐胶体物质,促进泥浆颗粒沉淀。

粉煤灰成分比较复杂,是煤炭燃烧后剩余的由硅、铝、铁、钛、钙、镁、硫、钾、钠等元素的氧化物与盐类组成。

高炉渣一般认为是工业固体废物。高炉炼铁过程中排出的渣,又称高炉矿渣。冶炼钢铁时当炉温达到 1 400 ℃～1 600 ℃时,炉料熔融,矿石中的脉石、焦炭中的灰分和助溶剂以及其他不能进入生铁中的杂质形成以硅酸盐和铝酸盐为主浮在铁水上面的熔渣。高炉渣主要成分为 CaO、SiO_2、Al_2O_3。

各类矿物中盐类在泥浆体系中由于水的存在,金属盐通过溶解和吸水可发生强烈水解,并在水解同时发生各种聚合反应,生成具有较长线性结构的多核氢基聚合物,例如 $Fe_2(OH)_2$、$Fe_3(OH)_4$、$Fe(OH)_3$ 和 Al_2SiO_5 等。这些含金属盐基络合物能有效降低或消除溶液中泥浆胶体的毛电位,通过电中和、吸附架桥及絮体的卷扫作用使胶体凝聚,并形成聚合度很高的凝胶,促使泥浆颗粒聚集沉淀,从而实现泥水分离。

该絮凝剂中利用了多种矿物及固体废弃物的絮凝助凝特性,含有多种金属盐类,制备方法及絮凝剂的适用性强,针对不同性质泥浆需要进行优化研究,得出最佳配比。

8.2.3 泥浆絮凝剂处理泥浆的方法

先将絮凝剂(按废弃泥浆与絮凝剂的质量比为一定比例)加入到废弃泥浆中,一边加入絮凝剂一边搅拌(转速约 300 r/min),至废弃泥浆中出现矾花。待矾花稳定后再搅拌 30 s,停止搅拌,静置 2~3 min,得到中上层的液体和下层絮凝后的浓缩泥浆,至此废弃泥浆处理完成。该方法的应用,使得废弃泥浆具有较好的泥水分离效果,同时能够使施工废弃泥浆快速絮凝,工艺停留时间大大缩短,减少了处理过程泥浆存储量,降低了处理系统的负荷。

8.3 废弃泥浆泥水分离室内试验

8.3.1 黏土泥浆

将 BT-7-XAUT 泥浆絮凝剂按不同组成投入到同一站点的 3 份黏土泥浆中,投加的具体含量见表 8.3-1,按絮凝剂的配方、制备方法及处理方法进行试验研究。

表 8.3-1 不同组成的 BT-7-XAUT 泥浆絮凝剂(一)

类 别	高岭土	珊瑚石	硅藻土	石 膏	粉煤灰	高炉渣	阴离子型的聚丙烯酰胺
条件 1	20%	20%	16%	10%	14%	6.7%	13.3%
条件 2	24%	23%	16%	17%	7%	7%	6%
条件 3	20%	26.7	14%	6%	8%	5.3%	20%

黏土泥浆絮凝结果见表 8.3-2。试验结果表明:当不加絮凝剂时,泥水未发生分离现象;当投加絮凝剂后,泥水分离效果明显;随着各组分投加的量不同,泥水分离效果有一定差异,条件 3 的脱水效果最优。泥浆试验前后絮凝效果如图 8.3-1 所示,从图中可以看出,絮凝剂的投加对泥水分离很有利,絮凝后污泥状态较好,适合堆放,便于管理与运输。

表 8.3－2　黏土泥浆絮凝结果

类　别	絮凝剂质量(g)	分离状态	泥浆体积(mL)	上清液体积(mL)	上清液 COD(mg/L)
不加絮凝剂	0	絮凝分离前	100	0	55
条件 1	1.5	絮凝分离后	83	27	110
条件 2	1.5	絮凝分离后	87	23	94
条件 3	1.5	絮凝分离后	71	39	141

(a)絮凝前　　(b)絮凝后

图 8.3－1　黏土泥浆絮凝前后结果对比

采用新研发的絮凝剂(BT-7-XAUT 泥浆絮凝剂)对黏土废弃泥浆处理后,泥浆絮体大而密实,泥水分离比较彻底,浓缩泥浆的堆放性比较好,可压缩性提高,有利于后续处理,产生的上清液中 COD 含量也能够达到排放要求。

8.3.2　膨润土泥浆

将不同组成的 BT-7-XAUT 泥浆絮凝剂投入同一站点的 3 份膨润土泥浆中,投加的具体含量见表 8.3－3,按絮凝剂的配方、制备方法及处理方法进行试验研究。

表 8.3-3 不同组成的 BT-7-XAUT 泥浆絮凝剂(二)

类 别	高岭土	珊瑚石	硅藻土	石 膏	粉煤灰	高炉渣	阴离子型聚丙烯酰胺
条件 1	22%	14%	22%	14%	12%	9%	7%
条件 2	23%	23%	20%	6.7%	8%	6%	13.3%
条件 3	27%	36%	6%	13%	2%	4%	14%

膨润土泥浆投加絮凝剂后的絮凝效果见表 8.3-4。结果表明:随着絮凝剂的投加,泥浆泥水分离现象明显,上清液所占比重较大;投加絮凝剂量较大时,泥水分离效果较小剂量好,分离出的上清液占比增加。新型絮凝剂投加前后,膨润土泥浆呈现的状态如图 8.3-2 所示。

表 8.3-4 膨润土泥浆絮凝结果

类 别	絮凝前泥浆体积(mL)	絮凝后浓缩泥浆体积(mL)	上清液体积(mL)	上清液 COD(mg/L)
条件 1	100	72	28	93
条件 2	100	62	38	130
条件 3	100	66	34	135

(a)絮凝前 (b)絮凝后

图 8.3-2 膨润土泥浆絮凝前后结果对比

通过使用 BT-7 泥浆絮凝剂对废弃膨润土泥浆的处理发现,该絮凝剂适用性很好，能够快速使废弃泥浆泥水分离，絮体呈明显的团聚现象，泥水分离彻底，上清液较多，而且上清液 COD 含量增加不太明显，能达到排放标准的要求。

8.4　废弃泥浆泥水分离现场试验

为进一步检验废弃泥浆泥水分离所需新型絮凝剂（BT-7 泥浆絮凝剂）的絮凝效果，在地铁车站施工现场进行了测试絮凝剂效果的现场试验。现场废弃泥浆情况如图 8.4－1 所示，现场有大量施工过程中产生的废弃泥浆和多余泥浆，由于缺乏有效的处理方法和工艺，也没有足够的泥浆收集池，大量废弃泥浆在有限的施工场地内无序收集，严重影响了施工现场环境，甚至给其他作业带来不便，因此急需处理处置。

(a)未处理的废弃泥浆

(b)装袋的泥渣

图 8.4－1　现场废弃泥浆现状

1. 现场试验步骤

现场取新鲜泥浆（约 200 mL），加入适量无机絮凝剂，同时快速均匀搅拌约 2 min，停止搅拌 30 s，继续加入适量 PAM，均匀搅拌 1～2 min，停顿约 30～60 s。搅拌过程中泥浆出现大块矾花，泥浆颗粒逐步沉淀。

待絮凝结束后，泥浆颗粒团聚后沉淀于烧杯底部；泥水分离效果良好，烧杯中约 40％为上清液，说明泥浆泥水分离很彻底，实现泥浆的减量化；倾倒上层水后底泥堆放效果良好，便于运输或进一步处理。

现场试验过程如图 8.4-2 所示。

(a)八卦岭站现场泥浆

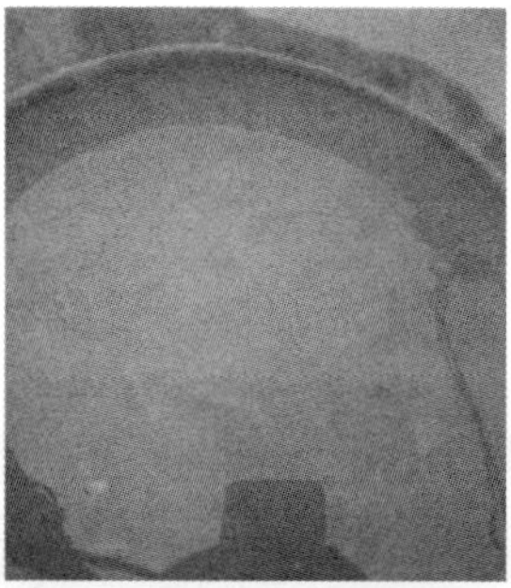

(b)处理前泥浆外观

(c)絮凝过程中

(d)絮凝后期

(e)絮凝后颗粒絮体

(f)项目部技术负责人现场检验

图 8.4-2　现场废弃泥浆泥水分离试验过程

2. 试验结果

现场同时比较了单纯使用絮凝剂中无机组分、单纯使用有机组分以及有机无机组分共同作用下的废弃泥浆絮凝效果，结果见表 8.4，絮凝后浓缩泥浆堆放效果如图 8.4－3 所示。

表 8.4　不同组分絮凝剂下废弃泥浆的泥水分离效果

絮凝剂种类	絮凝时间	泥水分离效果	浓缩泥浆堆放性
无机	3 min	较好	差
有机	1～2 min	差	好
有机＋无机	约 3 min	好	较好

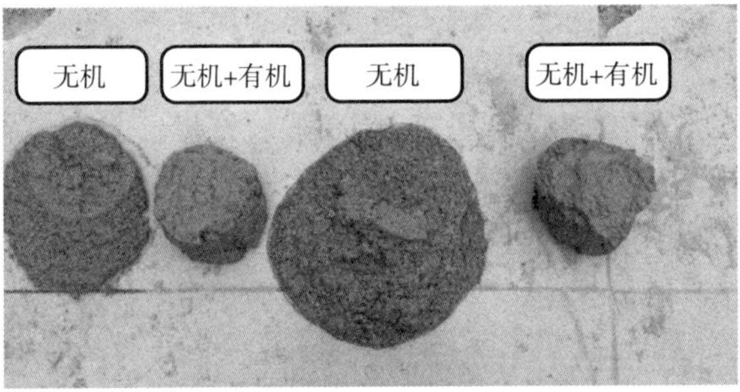

图 8.4－3　絮凝后浓缩泥浆堆放效果

从试验结果可以看出，在泥浆絮凝剂无机组分和有机组分共同作用下，废弃泥浆能够快速实现泥水分离，浓缩泥浆中含水率大大降低，浓缩泥浆的堆放性也比较好。说明无机组分与泥浆固体颗粒结合后形成的基础结构骨架，一方面使得泥浆絮体具有多孔性结构能够进一步脱水，并且还可以使絮体保持持久性和稳定性，阻止其崩溃，泥饼的可压缩性也可以得到提高。这说明该絮凝剂对废弃泥浆的处理是非常有效的，可以用于废弃泥浆的处理。

8.5 废弃泥浆泥水分离工艺

8.5.1 废弃泥浆处理的现有工艺

目前，地铁对泥浆的处理方法是一级处理，最基本的处理方式。其主要处理流程如下：

在成槽作业区设置泥浆泵，将多余的泥浆从基坑提升至除砂器、泥水分离器等机械处理设备处进行处理，经过除砂器振动筛分后，大颗粒的泥砂(毫米级砂粒)会被过滤出来，在除砂器下方逐渐堆积，等积累到一定的量之后外运处理。

筛分后的泥浆里还有大量粒径更小的泥浆小颗粒，其具有良好的分散性，呈悬浮状态，能保持很长时间无法自然沉降，是废弃泥浆最难处理的部分，针对这部分泥浆，现场没有更进一步的处理实施，只是将筛分过滤后的泥浆收集在泥浆池中，只有很少一部分可能会回用，其他待积累到一定量，泥浆池存储满后就委托第三方以罐车运走。

泥浆处理工艺流程如图 8.5－1 所示，现场处理照片如图 8.5－2 所示。现有的工艺流程主要存在以下几点问题：

(1)处理不彻底。振动筛分后，大颗粒的泥砂粒被当作固体废物或建筑垃圾外运，剩余的泥浆被收集在泥浆池中，依然需要进一步处理或者委托外运。

(2)外运风险不可控。存在资质不全的第三方公司将废弃泥浆非法排放而造成环境事故的风险，施工方也会因此承担连带责任。

(3)处理设施占地面积大。现有设施，不仅分离出来的泥砂颗粒占用施工现场面积，巨大的泥浆池也给现场施工带来不便。

因此，采用现有工艺对废弃泥浆进行处理已不能满足工程需求，针对处理工艺的优化研究很有必要。本研究拟在原有的工艺基础上进行改造，使废弃泥浆以最简单的工艺、最低的处理成本，达到最优的处理目的。

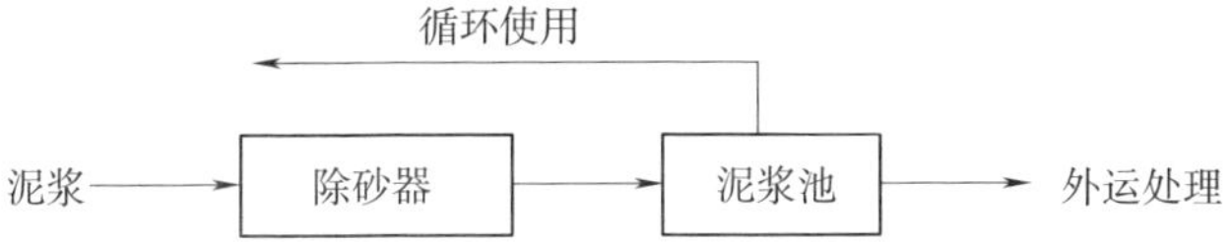

图 8.5-1 现有处理工艺流程

(a)泥浆筛分　(b)筛分后的渣土　(c)细粒泥浆

图 8.5-2 泥浆施工现场照片

8.5.2 泥浆处理工艺比选

对废弃泥浆真空过滤处理工艺、絮凝沉淀处理工艺和絮凝加机械脱水处理工艺进行比选，其工艺流程如图 8.5-3～图 8.5-5所示。

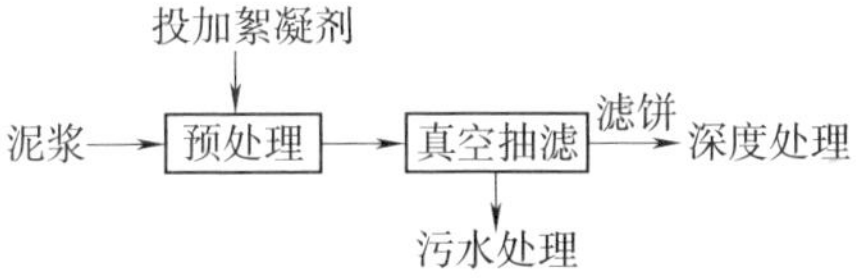

图 8.5-3 废弃泥浆真空过滤处理工艺流程

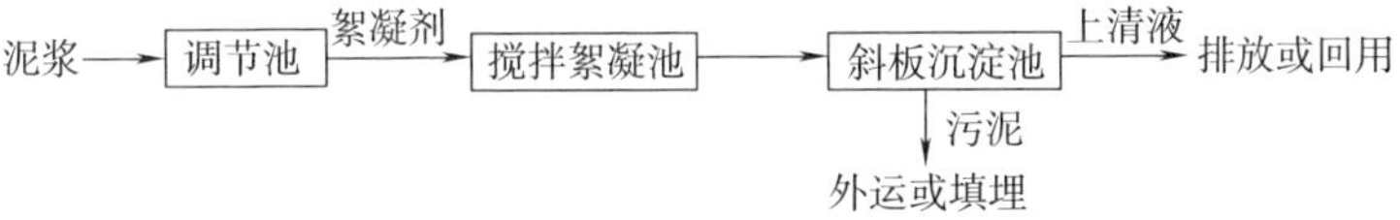

图 8.5-4 废弃泥浆絮凝沉淀处理工艺流程

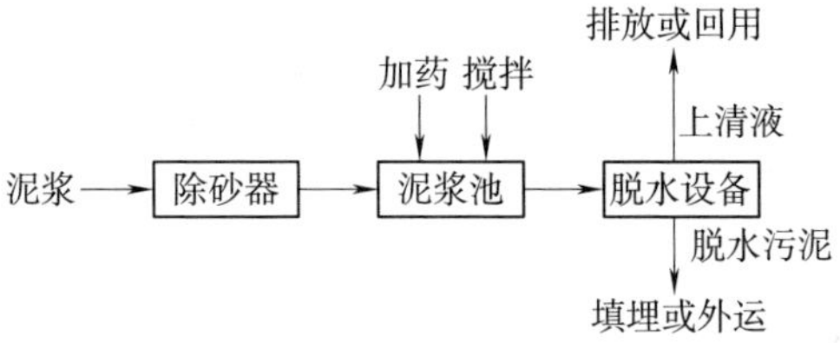

图 8.5-5 废弃泥浆絮凝加机械脱水处理工艺流程

1. 真空过滤

该处理工艺属于两步法，也是先通过投加絮凝剂使废弃泥浆先泥水分离，再对浓缩泥浆采用真空抽滤装置进一步脱水，从而完成废弃泥浆的浓缩和减量化。该方法的优点是处理体系简单，装置小，占地面积小，适合在狭小场地布设；其主要缺点是单次处理的泥浆量比较少，对于废弃泥浆产量较多的情况不太适用，此外真空过滤装置运行维护稍显复杂。

2. 絮凝沉淀

该废弃泥浆处理工艺体系属于一步法处理。废弃泥浆先进入调节池，大颗粒泥砂会自然沉降，而且泥浆量也可在调节池中进行调整，使得进入搅拌絮凝池的泥浆量保持基本稳定，在此过程中加入絮凝剂，然后将加入絮凝剂的泥浆排入斜板沉淀池，在絮凝剂的作用下废弃泥浆就会进一步絮凝沉淀，废弃泥浆得到进一步浓缩。该方法的优点是不用布设泥浆处理设备，减少了一次性投资，而且可以处理较大量的泥浆；其缺点是泥浆池比较多，占地太大，可能对施工现场环境造成一定影响。

3. 絮凝加机械脱水

该处理工艺体系也属于两步法泥浆处理工艺。首先废弃泥浆进入原有设备除砂器，先将大颗粒泥砂筛分出来，剩余细颗粒泥浆进入泥浆池，在此投加絮凝剂，让泥浆进行絮凝沉淀，以达到泥水分离的目的，泥水分离完成之后，上清液可以再利用或者排放，浓缩泥浆进入机械脱水设备进行再压缩，成为泥饼或者泥渣，这些最终形成的泥饼废弃物可以用于场地回填或者直接外运当作一般固体废弃物处置。

由于地铁施工场地一般都在市区,施工场地非常有限,故尽量减小泥浆处理设施的占地是处理体系必须考虑的问题。此外,施工现场泥浆产量变化大,需要对废弃泥浆快速处理,而且考虑到处理成本以及设备的运行维护,综合考虑后认为废弃泥浆絮凝加机械脱水的处理工艺更为适合地铁施工现场的废弃泥浆处理。

8.6 废弃泥浆泥水分离工艺优化研究

8.6.1 处理工艺设备选型

在深圳地铁泥浆处理的原有工艺基础上进行改进,改进后的工艺流程如图8.5-5所示,泥浆采用除砂器进行泥浆预处理,然后进入泥浆池,在泥浆池投加本研究优化的新型泥浆絮凝剂,在一定的搅拌转速下搅拌一定时间,上清液回用或排放,浓缩泥浆进入脱水设备进行脱水处理,最终实现泥浆的处理与处置。

1. 除砂器

除砂器主要由振动筛、分流管汇、旋流器等组成,如图8.6-1所示。除砂器的进液管和溢流管均为两端对称结构,以方便安装。除砂器是旋流除砂器与振动筛的组合体,旋流除砂器根据颗粒沉降原理设计而成,其分离介质钻井液通过砂泵产生一定的压力和速度,沿旋流器内壁螺旋进入,较粗的颗粒在离心力和重力作用下沿旋流器内壁螺旋下沉,从底流口排出,落在下面的细目振动筛上分离,其余介质沿旋流器螺旋上升,从溢流口进入第三级分离设备除泥器进一步净化处理。

2. 脱水设备

工业中经常用到的压滤脱水设备有隔膜压滤机、带式压滤机、转鼓真空过滤机、卧螺沉降离心机,每一种脱水设备都具有各自的特点,适用的条件也有所不同,详细优缺点及适用条件见表8.6-1。

图 8.6-1　除砂器

目前，对泥浆处理设备主要选用带式压滤机和卧螺离心机，其对工程施工较为有利。带式压滤脱水机是由上下 2 条张紧的滤带夹带着污泥层，从一连串有规律排列的辊压筒中呈 S 形经过，依靠滤带本身的张力形成对污泥层的压榨和剪切力，把污泥层中的毛细水挤压出来，获得含固量较高的泥饼，从而实现污泥脱水。带式压滤机结构如图 8.6-2 所示。

表 8.6-1　不同类型压滤机的优缺点

压滤脱水机类型	优　点	缺　点
隔膜压滤机	单位面积处理能力强，经压滤后的泥饼含水率低	相对其他压滤设备，压滤时间稍长
带式压滤机	附属设备少，投资、能耗低，连续操作，管理简便，脱水能力大	维修保养困难，运行费用略高
转鼓真空过滤机	耐腐蚀，占地小，可连续操作，自动运行，维修方便	附属设备多，成本高，泥饼含水率高
卧螺沉降离心机	结构紧凑，占地小，维护方便	价格昂贵，电力消耗大，噪声大

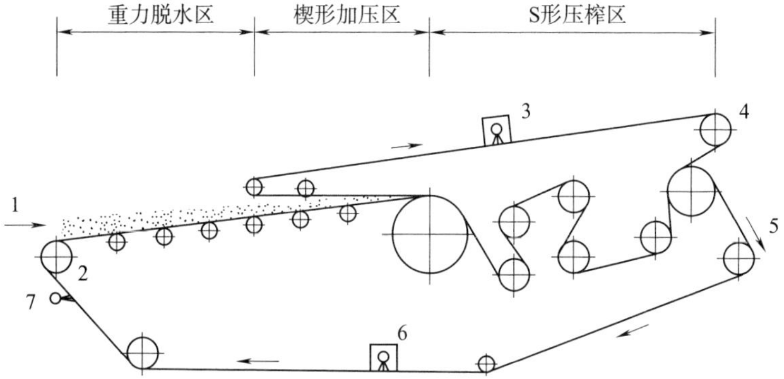

图 8.6-2　带式压滤机结构示意图

1—进泥口；2—下滤带张紧棍；3—上滤带冲洗水管；4—上滤带张紧辊；
5—泥饼出口；6—下滤带冲洗水管；7—不锈钢高压穿孔冲洗水管

卧螺沉降离心机的工作原理(图 8.6-3)：泥浆从进料管进入，在螺旋输送器中经过初步加速后通过进料孔进入转鼓；在转鼓中被进一步加速，泥浆中密度较大的颗粒在离心力的作用下迅速沉积到转鼓内壁形成沉渣层，由与转鼓同方向旋转但具有一定转速差的螺旋输送器的叶片推向转鼓的小端，从排渣孔甩出；泥浆中密度较小的颗粒以及水在离心力的作用下，处于转鼓液池的内层形成清液，沿着清液通道从位于转鼓大端的溢流孔流出，实现泥浆清液与泥饼的分离，达到脱水的目的。

卧螺离心机在一次性购置费用上略高于带式压滤机，但是带式压滤机在后续使用上需不断更换滤布及不断冲水，增加了后续处理费用及人工费用。综合占地及处理效果等因素，考虑选用卧螺沉降离心机，其主要优势如下：

(1)能分离的固相粒度范围广(0.005～2 mm)，在固相粒度大小不均时也能照常分离。

(2)螺旋离心机能自动、连续操作，无滤布，能长期运转，维修方便，能够进行封闭操作。

(3)单机生产能力大，结构紧凑，占地小，操作费用低。

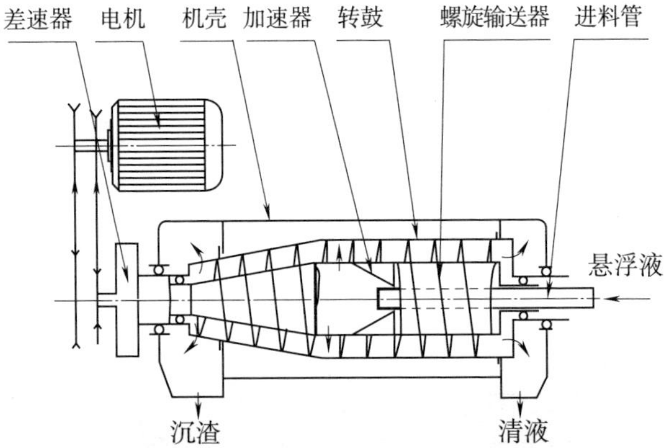

图 8.6-3 卧螺离心机结构图

(4)自动化程度高:离心机在工作时的进料、分离、卸料等工序是在高速运转下连续自动进行的,采用可编程序控制器实现离心分离和离心冲洗过程的自动控制。

(5)安全保护装置齐全可靠:离心机设有扭矩保护、功率控制等多重保护,能有效排除或减少突发故障对机器造成的损害。

通过对市场上离心机的调研考察发现,对泥浆处理效果较好、应用较广的为 LW 型卧螺离心机,根据不同处理量需要的离心机参数见表 8.6-2。

表 8.6-2 离心机技术参数

型号 参数	LW355×1 600	LW400×1 800	LW530×2 280	LW580×2 500	LW650×2 800	LW760×3 040	LW900×3 600
转鼓直径(mm)	355	400	530	580	650	760	900
转鼓长度(mm)	1 600	1 800	2 280	2 500	2 800	3 040	3 600
转鼓转速(r/min)	2 000	2 250	2 500	2 780	2 900	3 650	4 000

续上表

型号 / 参数	LW355×1 600	LW400×1 800	LW530×2 280	LW580×2 500	LW650×2 800	LW760×3 040	LW900×3 600
分离因数	2 000	2 150	2 270	2 500	2 500	3 000	3 180
生产能力(m^3/h)	1～20	2～25	15～65	20～80	25～110	35～150	40～200
主电机功率(kW)	18.5/7.5	22/11	55/18.5	75/22	75/30	90/37	132/45
外形尺寸(mm)	3 495×840×1 800	3 890×1 020×1 205	4 924×1 170×1 540	5 205×1 270×1 540	4 300×1 900×1 350	5 000×2 500×1 500	6 000×2 700×1 500
重量(kg)	1 800	2 500	5 000	6 500	7 000	8 500	14 000

8.6.2　设备选型的影响因素

1. 分离因数的影响

离心分离因数是被分离物料在离心力场中所受到的离心力与其所承受的重力之比，是转鼓中离心力场强弱的指标，同时也是离心机性能的一个重要指标。正常情况下分离因数越大，则离心力越大，生产能力和分离效果越好。然而分离因数并不是越大越好，首先离心机的材料允许的最大圆周线速度有限，其次随着转鼓转速变高，功率消耗也增加，转鼓受到沉渣的磨损越大，离心机使用寿命降低。分离因数达到一定值后如继续增加，分离效果的提高有限。仅对于相当难分离的物料，分离因数才需要达到 3 000 以上。分离因数的取值在满足条件的情况下，考虑经济性和安全性，取值越小越好。

在实际的工程应用中，经济性指标是一个很重要的参考因素，因此在使用卧螺离心机进行泥浆分离时对其经济性进行考量。卧螺离心机在工作时除了已明确的设备费用、安装费用和人工费用外，其主要的经济消耗为电费支出。随着分离因数的增大，单位处理量所消耗的功率也会有所增加，实际使用时需综合考虑分离效果与功率消耗这两方面的因素。

2. 生产能力的影响

进料流量小的情况下，泥浆分离的效果充分，固相回收率高，但生产效率变低，经济性较差；进料流量大的情况下，物料在离心机内停留时间短，可能还来不及处理的情况下就被排出，造成分离出来的清液浑浊，没有达到要求的效果，但是如果增大处理量，沉渣在机内受到的压缩力增大，可以提高沉渣的含固率。根据工程实际，经济性应充分考虑，所以在满足分离要求的前提条件下，进料流量应尽量大。

综合考虑经济性指标，在实际施工过程中，根据各站点处理量的需求，综合考虑能耗成本，应选择合适生产能力的离心机。

第 9 章　研究结论与成果

9.1　主要研究结论

9.1.1　研究结论

1. 深厚基岩快速成槽技术

(1)现场试验研究表明,冲击钻钻孔工效比手把钻提高了20%~30%,特别是在微风化花岗岩地层中,冲击钻钻孔工效比手把钻提高了 26.8%。但总体上冲击钻和手把钻在微风化花岗岩中钻孔的工效都比较低,每天钻孔深度仅为 2.65~3.36 m,需要采取引孔等其他措施来提高工效。

(2)现场试验研究表明,潜孔锤预钻对于提高冲击钻工效的效果明显,特别是在中风化岩中达到了 26.67%,在微风化岩中更是达到了 73.33%。采用潜孔锤预钻孔后,冲击钻钻孔工效在中风化岩中达到了每天 9.12 m,在微风化岩中每天为 6.24 m,速度满足了施工进度的要求。

(3)针对覆盖层和全强风化层,液压成槽机工效普遍高于钢丝绳成槽机,无论采用钢丝绳成槽机还是液压成槽机,“二钻一抓”的工效高于纯抓施工工效。

(4)通过采取控制爆破技术预处理地下连续墙微风化岩层,可以提高钻进工效,微风化基岩中钻进工效可以达到 5 m/d,相对于未进行预爆破提高了 48.81%~88.68%,效果明显。

(5)研发了摩擦式钻头及预制钢套筒导向嵌岩系统,有效解决了大倾角陡坡岩地连墙成槽中桩尖滑移和成孔困难以及产生斜孔导致卡钻的技术难题,建立了大倾角陡坡岩地连墙成槽关键技术。

2. 超宽管线群下地连墙施工技术

采用自主发明的非平衡导向钻凿装置进行管线下成槽，将钢筋笼特殊设计分三次平移下设，成功解决了超宽管线下地连墙施工难题，形成了超宽管线群下地连墙“一槽三笼”的施工工法。

3. 泥浆下锚索锚杆快速切割技术

研发了由地面控制系统、地下定位系统和地下切割系统组成的泥浆下锚杆锚索快速切割机具及切割工艺，解决了泥浆下锚索锚杆快速切割技术难题。

4. 废弃泥浆高效环保处理技术

研制了由无机组分和有机组分共同复配而成的泥浆絮凝剂，并建立了基于该絮凝剂＋机械脱水的废弃泥浆泥水分离技术，废弃泥浆处理量减少 60％～70％。

5. 深厚基岩地连墙施工新技术

(1)提出了新型钻机成槽定位技术，并设计了轨道定位机具。通过实践，证明该技术解决了采用吊车移机时间长、吊装安全风险大、吊装设备占用施工场地等难题，保证了设备有效造孔时间，从而提高钻进工效。

(2)提出了槽内泥浆循环工艺，减少了钻机施工过程中下部泥浆沉渣，避免了重复钻进，提高了施工工效，解决了深厚基岩施工槽内沉渣较厚、钻进工效低下的技术难题。

(3)对工字钢接头后续槽不同回填方式进行了对比研究，确定了不同情况下最适合的回填方法。

(4)提出了试笼制作要求及试笼检测工艺，通过试笼检测，克服了其他检测方式易留死角、检测点多等弊端，保证了钢筋笼顺利下设。

(5)设计了一套针对城市轨道交通基坑围护工程的气举清孔机具，保证了清孔效果，确保了地连墙施工质量。

9.1.2 创新点

(1)经对不同成槽工艺进行的现场工效对比试验研究，提出了

“上部覆盖层和全强风化层二钻后液压成槽机一抓、中微风化层潜孔锤预钻或预爆破后冲击钻钻进”的成槽工艺，形成了一套深厚基岩快速成槽技术。

(2)研发了摩擦式钻头及预制钢套筒导向嵌岩系统，有效解决了大倾角陡坡岩地连墙成槽中桩尖滑移和成孔困难以及产生斜孔导致卡钻的技术难题，建立了大倾角陡坡岩地连墙成槽关键技术。

(3)采用自主发明的非平衡导向钻凿装置进行管线下成槽，将钢筋笼特殊设计分三次平移下设，成功解决了超宽管线下地连墙施工难题，形成了超宽管线群下地连墙“一槽三笼”的施工工法。

(4)研发了由地面控制系统、地下定位系统和地下切割系统组成的泥浆下锚杆锚索快速切割机具及切割工艺，解决了泥浆下锚索锚杆快速切割技术难题。

(5)研制了由无机组分和有机组分共同复配而成的泥浆絮凝剂，并建立了基于该絮凝剂＋机械脱水的废弃泥浆泥水分离技术，废弃泥浆处理量减少60％～70％。

(6)开发了深厚基岩和大倾角陡坡岩快速成槽、超宽管线下地连墙施工、泥浆下锚索锚杆快速切割和废弃泥浆高效环保处理技术，形成了复杂环境深厚基岩地连墙施工成套技术。

9.2　经济、社会效益

本课题研究成果成功应用于深圳地铁7号线皇岗村站、福民站、华新站南端(华强北4区～6区)、黄木岗站基坑围护结构地下连续墙施工，有效解决了深厚基岩钻进、周边高层建筑遗留锚杆锚索安全快速切割及超宽管线影响槽段的施工难题。

(1)通过攻克深厚基岩成槽几项关键技术难题，解决了深厚坚硬基岩快速施工问题

皇岗村站、福民站、华新站及黄木岗站均为三层站，墙体入岩较深，基岩强度高。皇岗村站地连墙穿透强风化岩最厚12 m，穿透中

风化岩最厚 8.4 m，入微风化岩最厚 10.2 m，中微风化岩占成槽总量的 22%，东端头槽段中微风化岩占整个槽段成槽方量的 45%～55%，岩面倾斜度较大，局部达 45°；福民站平均入岩（强风化、中风化和微风化）8.63 m，微风化平均抗压强度 70 MPa，最大 132 MPa，是全线基岩最坚硬的的车站，入岩成槽量约占总量的 1/3，施工难度极大；华强北 4 区、5 区中微风化岩层最厚 12.55 m，岩面斜度最大约 45°，基岩强度 129 MPa；黄木岗站基岩总量为成槽总量的 52%。从上述数据不难看出，地连墙基岩施工难度很大，需要解决的关键技术难题：一是大倾角陡坡岩施工易倾斜问题；二是坚硬岩施工工效低下问题；三是深厚坚硬基岩施工易卡钻问题。这些问题直接关系整个车站的施工工期，乃至影响全线洞通节点目标的实现。快速有效进行深厚坚硬基岩的施工，成为能否按期完成车站围护结构施工的关键。

通过本课题研究，成功攻克上述关键技术，使地连墙施工工期得以保证，其中皇岗村站加快施工进度约 3 个月，创下了周成墙 9 幅、月成墙 32 幅的业绩；福民站加快施工进度约 2 个月；华强北 4 区、5 区加快施工进度约 2 个月；黄木岗站加快施工进度约 1 个月，为主体工程按期实施赢得了时间。

（2）通过专用机具切割周边建筑物遗留锚杆锚索，既确保了安全，又加快了锚杆锚索处理施工进度

福民站南侧福民佳园及北侧皇福裕苑、皇岗村站北侧皇轩酒店、华新站西侧茂业百货等高层建筑物原基坑围护结构均存在锚杆、锚索，这些锚杆锚索有的还无法确定具体分布位置。常规施工的一般方法有人工割除法、抓斗拔除法、钻机冲砸法、人工挖孔桩法和套管钻进拔取法。人工割除法的适应性极差，无法处理埋深较深的地下锚索，当地下水位较高时，人员下井安全风险较大。抓斗拔除法的缺点是当锚索的锚固力较强时会抓拔不动，抓拔处理时存在塌孔的风险，抓拔出来的锚索自由端存在缠绕斗体的风险，造成难以处理的卡斗事故。钻机冲砸法的效率较低，一般一根锚索需要 8～10 h，施工

时锚索断头留置于槽内且断头长度不可预知，存在冲砸过程中锚固端松动后被拽入槽内，加长的锚索断头端在后续施工中存在缠绕钻头导致卡钻的风险。人工挖孔桩法能处理埋深相对较深的地下锚索，但施工前要求精确掌握地下锚索的位置，其施工工效低，工期长，成本高，井下作业安全隐患大。套管钻进拔取法的弊端是既有锚索的锚头处需要有作业井的工作面，工况要求高；需要较详细的既有锚索施工资料，掌握锚索的钻孔方向和角度，施工精细化程度要求高；投入成本较大，处理时间较长。因此，研制新型安全快速切割机具十分紧迫。

本课题通过研制专用切割机具，成功完成 14 个槽段 28 束锚索的切割，确保了有锚索地段地连墙顺利实施，且每束锚杆锚索的处理时间大约需要 3.5～6 h，正常切割的时间不超过 20 min。

(3)提出了管线下地连墙施工工法，解决了超宽管线下地连墙无法施工的问题

城市地铁多位于繁华地段，地下管线错综复杂，以华强北为例，全站仅各类通信管线就有 16 万束，另有高压、超高压电缆以及雨水箱涵、污水管线、给水管线、燃气管线等，管线群宽度达到了 1.2 m。这些管线有的不能迁改，针对这些不能迁改的管线，当管线较窄时，可以采用一槽两笼方案施工，即两边分别成槽，分别下设钢筋笼，整体浇筑。但当管线较宽时，一槽两笼已无法实施，一般采用人工挖孔桩处理或在基坑开挖阶段采用逆作法处理。人工挖孔桩处理由于其安全风险极高，已被国家禁止。逆作法则由于基坑未封闭，降水开挖对周边建(构)筑物安全风险高。

本课题提出了一槽三笼施工工法，包括管线下非平衡钻凿工艺、管线下钢筋笼吊装工艺、管线下混凝土浇筑工艺，解决了管线下地连墙施工问题，确保了施工工期。

(4)基于“无机组分和有机组分共同复配而成的泥浆絮凝剂”研究形成了地连墙施工废弃泥浆泥水分离技术，产生了良好的经济效益

目前,市场上振动除砂器价格一般在 5 万元左右;处理能力为 30 m^3 的卧螺离心机市场价约 10 万元。根据试验结果测算,加药成本为 17～25 元/m^3。人工工资折合 1.5 元/m^3;电费为 1.2 元/m^3。

采用本技术体系将废弃泥浆经絮凝分离后再压缩脱水,最终污泥总量减少 70%左右,处置费用也相应大幅降低。

施工站点每幅地连墙规格为 6 m×0.8 m×20 m,总体积约为 100 m^3,按每成槽 100 m^3 产生废弃泥浆 80 m^3 计算,采用原工艺直接外运的话,处置费为 40 000 元左右;采用本研究提出的工艺,则处理后的泥浆按照 30 m^3 计,处置费为 15 000 元。

本课题通过研究,解决了复杂环境下深厚基岩地连墙施工成套技术难题,加快了施工进度,提高了公司科技水平和施工实力,同时创造了良好的经济效益,减少了设备费用及管理费用支出,降低成本 1 092.51 万元。

当前国家正致力于大力加强基础设施建设,我国轨道交通建设未来发展有着巨大潜力,深圳远期规划了 16 条线路,计划实现 600 多公里通车里程。在地铁车站地连墙施工中,或许会遇到与本项目车站类似的复杂施工环境,因此可采用本课题研究成果指导设计与施工。

9.3 研究成果

本课题研究共获批省部级工法 4 项、授权发明专利 2 项、授权实用新型专利 6 项和获省部级科学技术奖 2 项,同时还申请了 3 项发明专利,已公开、审批中。

1. 省部级工法

(1)地铁车站管线下地连墙一槽三笼施工工法,中国电力建设集团工法(ZGDJGF200-2014)。

(2)地铁车站地下连续墙泥浆下既有锚索绳锯机快速切割施工工法,中国电力建设集团工法(ZGDJGF201-2014)。

(3)地下连续墙深孔微差预裂控制爆破施工工法，中国电力建设集团工法(ZGDJGF204-2014)。

(4)地铁建设地下连续墙(高入岩)施工工法，中国电力建设集团工法(ZGDJGF207-2014)。

2. 授权专利

(1)预制钢套筒导向嵌岩系统及使用方法，发明专利，授权申请号为201410293005.8。

(2)深厚基岩地连墙施工方法，发明专利，授权申请号为201610278540.5。

(3)移动式钻凿导向定位装置，授权实用新型专利(201521020357.2)。

(4)大型倾角陡坡岩成槽施工设备，授权实用新型专利(201620380520.4)。

(5)用于深厚基岩成槽的摩擦式钻头，授权实用新型专利(201620380728.6)。

(6)用于深厚基岩地连墙施工的槽内泥浆循环装置，授权实用新型专利(201620380517.2)。

(7)深厚基岩地连墙施工系统，授权实用新型专利(201620386005.7)。

(8)一种施工废弃泥浆絮凝分离系统，授权实用新型专利(201621054209.7)。

(9)移动式钻凿导向定位装置及钻凿导向定位方法(201510908648.3，审中，实审)。

(10)超宽管线下地连墙施工方法(201610283151.1，审中，实审)。

(11)一种处理废弃泥浆的絮凝剂与制备方法以及处理泥浆方法，发明专利，已受理，申请号：201611068845.×。

3. 获科学技术奖

(1)施工废弃泥浆高效处理技术研究成果获西安市科技进步一等奖。

(2)深厚硬岩地连墙施工成套技术研究获得中国施工企业管理协会科学技术奖二等奖。

参考文献

[1] 田守伟. 硬岩地质地下连续墙成槽施工技术研究[J]. 建设科技,2017(14):118-119.

[2] 党亚杰,肖昭然,聂彬. 地下连续墙入岩成槽施工工艺改进[J]. 施工技术,2015,44(1):43-45.

[3] 翁厚洋,刘凤华,马西峰. 超深基坑大深度入岩地下连续墙施工技术[J]. 施工技术,2014,43(11):115-118.

[4] 李赞. 深圳地铁田贝站入岩地下连续墙施工技术[J]. 施工技术,2010,39(1):45-47.

[5] 顾浩磊. 南京地铁二号线明故宫站嵌岩地连墙冲抓结合成槽总结[J]. 科技信息,2009(21):280-281.

[6] 缪绍勇,王国庆,严融. 嵌岩式地下连续墙施工的研究与实践[J]. 建筑施工,2005,27(7):1-4.

[7] 黄磊. 下部为岩石的地下连续墙冲抓破岩成槽施工[J]. 施工技术,2003,32(9):10-12.

[8] 刘树山. 深圳地铁福民站地下连续墙入岩成槽技术[J]. 城市轨道交通研究,2003,6(3):87-88,90.

[9] 李伟. 东莞地铁地下连续墙硬岩爆破施工控制技术[J]. 河南科技,2014(7):163-164.

[10] 司海峰. 基坑围护结构地下连续墙遇微风化岩施工技术优化研究及应用[J]. 广东土木与建筑,2009,16(12):20-22.

[11] 刘光磊. 带嵌岩锁脚桩的地下连续墙施工技术研究与应用[J]. 铁道建筑技术,2016(8):68-70,112.

[12] 仇强强. 多条地下管线处地连墙的施工技术[J]. 山西建筑,2019,45(2):95-96.

[13] 葛照国,师文明,吴烁. 富水软弱地层跨越市政管线地下连续墙施工技术[J]. 施工技术,2018,47(S1):617-619.

[14] 王雷.地铁车站既有管线下方地下连续墙施工技术探讨[J].天津建设科技,2016,26(2):51-52,77.

[15] 郭余根.成槽机液压抓斗改造及其在地连墙穿越既有管线施工中的应用[J].铁道建筑技术,2013(12):61-64.

[16] 张建政,张文朋.横跨城市管线的地下连续墙施工技术[J].隧道建设,2006(6):59-61.

[17] 姚国伟.受既有管线干扰的地下连续墙施工技术探讨[J].市政技术,2013,31(6):103-106.

[18] 杨向华,雷波,黄哲,等.悬吊管线下富水厚砂层地下连续墙逆作施工技术[J].城市建筑,2018(8):123-125.

[19] 王小军,李甫福.冲锤法处理既有锚索施工技术的研究与应用[J].广东土木与建筑,2017,24(5):37-40.

[20] 付一平,张呈祥,尹俊,等.处理既有基坑锚索侵入地铁基坑的方案设计[J].隧道建设(中英文),2018,38(10):1706-1711.

[21] 杨光值,潘鸿宝.金刚石绳索切割技术在某地下既有锚索拆除中的应用[J].施工技术,2013,42(22):71-73.

[22] 袁峰.试论桥梁施工废弃泥浆处理技术[J].城市建设理论研究:电子版,2013(10).

[23] 袁永学.大直径泥水盾构泥浆绿色处理技术探讨[J].山东工业技术,2018(8):125-127.

[24] 王伟,周岩.钻井废弃泥浆无害化和固化处理技术的应用[J].吉林地质,2012,31(2):143-146.

[25] 宋佳明.桥梁施工中废弃泥浆的处理分析[J].技术与市场,2013(7):159-159.

[26] 李耀良,王建华,丁勇春.上海地铁明珠线二期西藏南路站地下连续墙施工技术[J].岩土工程学报,2006,28(S1):1664-1672.

[27] 张钦喜,陶韬,王晓杰,等.钻孔灌注桩废弃泥浆絮凝处理工程应用[J].土木工程,2015,4(6):251-259.

[28] Stumm W., Morgon J. J. Chemical Aspects of Coagulation[J]. American Water Works Association,1962,54(8):971-994.

[29] 唐婉莹,翟宇峰,王连军,等.聚合氯化铝絮凝机理探讨[J].南京理工大学

学报:自然科学版，1997(4):41-44.

[30] 万鹰昕，程鸿德. 无机高分子絮凝剂絮凝机制的研究进展[J]. 矿物岩石地球化学通报，2001，20(1):62-65.

[31] 申娟娟,刘根起,宋金月,等.有机高分子絮凝剂的研究现状[J]. 材料开发与应用，2011，26(2):96-99.

[32] 刘晓娜，孙幼萍，谭燕，等. PAM 絮凝剂对污泥脱水性能的影响研究[J]. 广西轻工业，2011，27(2):96-97.

[33] 李欣,蔡伟民. 污泥调理剂与有机高分子絮凝剂联合作用对污泥脱水性能影响的研究[J]. 净水技术,2009,28(3):40-44.

[34] 王磊,夏菲菲,陈依,等. 城市污水厂生化污泥调理脱水研究[J]. 环境卫生工程,2010,18(3):4-6.

[35] Chitikela，Srinivasarao. Dual-chemical Conditioning and Dewatering of Anaer-obically Digested Biosolids:Laboratory Evaluations[J]. Water Environment Research，2002,70(5):1062-1069.